Libros de Robert Kiyosaki en Aguilar

El
ABC
de la administración de propiedades

El ABC de la administración de propiedades

Todo lo que necesitas saber para
maximizar tu dinero ¡ahora!

Estrategias para ser
un experto en bienes raíces

Ken McElroy

AGUILAR

Título original: *The ABC's of Property Management*
Copyright © 2008 by Ken McElroy
De esta edición:
D. R. © Santillana Ediciones Generales S.A. de C.V., 2010.
Av. Universidad 767, Col. del Valle
México, 03100, D.F. Teléfono (55) 54207530
www.editorialaguilar.com.mx

Primera edición: enero de 2010.
ISBN: 978-607-11-0335-2
Adaptación de cubierta y de interiores: Ma. Alejandra Romero I.
Traducción: Alejandra Ramos

Impreso en México.

Esta publicación está diseñada para ofrecer información general sobre el tema en cuestión. Sin embargo, las leyes y costumbres varían de un país a otro. Debido a que cada situación es distinta, la información se debe adecuar a las circunstancias particulares. Recomendamos al lector consultar a sus propios asesores para cada situación específica.

En la preparación de este libro, el autor ha tomado las medidas pertinentes y considera que los hechos que se presentan son precisos en relación con la fecha en que fueron escritos. Sin embargo, ni el autor ni el editor asumen responsabilidad por los errores u omisiones. El autor y el editor específicamente niegan cualquier responsabilidad por el uso o aplicación de la información que contiene este libro. El propósito de la información no es sustituir la asesoría legal necesaria en las situaciones individuales.

Dedico este libro a la Fundación McKenzie Monks

Helping Kids Cope with Cancer
www.mckenziemonksfoundation. org

Índice

Prólogo

por Robert Kiyosaki

Esperábamos la llegada de este libro desde hace mucho tiempo. Cuando escribí *Padre Rico, padre pobre*, en 2002, mencioné que la llave para el éxito de una inversión en bienes raíces es tener un excelente administrador. Sucede así porque los buenos administradores incrementan el valor. Efectivamente, cuando se trata de bienes raíces, el valor no lo establecen solamente los mercados: el manejo total de la propiedad también tiene un impacto. El valor de tus bienes raíces lo determinan los inquilinos porque es aquél que ellos están dispuestos a pagar como renta. Además, el aspecto de los bienes raíces sobre el cuál tienes mayor control es el ingreso por rentas (y por lo tanto, también es el aspecto en el que tienes mayor probabilidad de fracasar).

Los administradores son parte fundamental de un equipo porque se especializan en tu mercado de bienes raíces y saben cómo aprovechar al máximo el potencial de la propiedad en la que invertiste para generar ingresos.

Afortunadamente, yo he seguido mi propio consejo. Es por eso que escogí a Ken McElroy como asesor de inversiones en bienes raíces y administración inmobiliaria. Ken es un experto en ambos campos; su compañía posee y administra miles de departamentos en todo Estados Unidos. Su conocimiento y experiencia son un increíble valor agregado en mi equipo.

Por ello Ken fue nuestra primera opción cuando decidimos ofrecer un libro sobre administración de propiedades. Seguramente ya conoces a Ken y su trabajo. Él ha sido orador en el seminario Padre Rico y ha escrito *best-sellers* como *El ABC de la inversión en bienes raíces* y *Guía avanzada para la inversión en bienes raíces*. A pesar de que Ken es un experto innegable en el negocio de la inversión en bienes raíces, te puedo asegurar que su gran amor es la administración de propiedades, es decir, *incrementar el valor*. Esto es precisamente lo que coloca a Ken a la cabeza. Él mismo te dirá que esta habilidad fue la que lo convirtió en el exitoso inversionista y empresario que es actualmente.

Aunque los libros de Ken son tremendas guías para invertir en bienes raíces, tal vez éste es el más importante que haya escrito para la compañía Padre Rico. En realidad es fácil encontrar una buena propuesta de inversión en bienes raíces, pero *mantener la inversión e incrementar el valor*, no lo es tanto. Para lograr eso se requiere un ojo avizor y conocimientos sobre administración de los que muchos inversionistas carecen.

La administración de propiedades es una propuesta a largo plazo. A pesar de que encontrar, comprar y vender bienes raíces es un proceso relativamente corto, he visto como la mayoría de los inversionistas se sorprenden con la sangre, sudor y lágrimas que se requieren para administrar una propiedad adecuadamente. Ken te demostrará que la idea que tenías de lo que significa ser un gran administrador, se queda en la fantasía.

Para ser un verdadero administrador necesitas entender los principios de la administración de propiedades a profundidad, y conocer la enorme cantidad de tiempo y energía que se requiere para administrar con eficacia, así como las formas en que tu administración puede añadirle valor a tus inversiones.

Así que, si estás listo para llevar tu inversión en bienes raíces al siguiente nivel, éste es el libro para ti. Lo más importante es que aprenderás de alguien que no es únicamente un buen amigo y valioso asesor de negocios, también es *el* experto en el negocio de la administración de propiedades y la creación de valor.

Introducción
Un problema tamaño Jumbo

Para protegerse, Jumbo detuvo su silla de ruedas tras unos arbustos que se encontraban en el patio. El sofocante calor de Phoenix estaba en pleno y perlaba su rostro de sudor. Sentado, escuchaba el tenso silencio. Acercó lentamente su mano al compartimiento de la silla de ruedas en donde guardaba su arma semiautomática. Con la precisión que le había dado la práctica, quitó el seguro y esperó.

La policía de Phoenix había marcado un perímetro alrededor del edificio.

"¡Jumbo, no hagas las cosas más difíciles!", gritó por el megáfono el negociador de la policía. Su voz atravesó el silencio y resonó espeluznantemente en los muros del edificio. "No vas a salir de ésta, te tenemos rodeado. Sólo sal y déjanos llevarte. Hagámoslo tranquilamente."

El silencio inundó nuevamente el patio y sólo lo quebrantaba el ocasional zumbido de una mosca o un auto que pasaba por ahí. Jumbo sabía que estaba en serios problemas. Finalmente, habló.

"Jódanse", vociferó.

Así, dirigió sus manos a las ruedas y salió a toda carrera por el edificio hacia el camino del patio. Los oficiales pronto lo alcanzaron. Con un movimiento veloz la policía derribó la silla de ruedas y esposó a Jumbo. El operativo culminó con la misma rapidez con que había iniciado. Cuando la policía encontró el arma semiautomática y las drogas, fue evidente lo mala que pudo haberse tornado la situación.

La anécdota parece sacada de una novela policíaca, pero historias como ésta suceden todos los días y son un excelente tema de conversación durante las cenas de la industria de administración de propiedades. El dueño de esa propiedad es un amigo cercano que solicitó ayuda a mi empresa cuando enfrentó un remate judicial hipotecario.

En el edificio había residentes de dudosa reputación y eso incluía a varios que tenían antecedentes criminales. Estos inquilinos controlaron el lugar con la venta de drogas y el establecimiento de redes de prostitución. La propiedad se tornó insegura y los inquilinos decentes la abandonaron poco a poco. Además, como la mayoría de los inquilinos no era confiable, las rentas no se cobraban a tiempo. De hecho, la desocupación y la falta de pago de renta ocasionaron que los ingresos obtenidos a través de la propiedad bajaran tanto, que los gastos normales de operación, incluyendo la hipoteca, ya no se podían cubrir. El propietario estaba metido en un gran predicamento.

Jumbo era uno de esos inquilinos de mala muerte que lograron establecerse en el edificio. Era un conocido distribuidor de drogas con antecedentes criminales, y se encontraba en una silla de ruedas porque durante una transacción de drogas fallida recibió un disparo que lo dejó inválido.

Éste es solamente uno de muchos ejemplos y un recordatorio de que la falta de una buena administración puede poner en riesgo cualquier inversión.

Jumbo era sólo la punta del iceberg de los problemas en esa propiedad; el lugar estaba repleto de actividad criminal e indisciplina. El edificio era un lastre para el vecindario. Se realizaban tantas llamadas de auxilio para que los oficiales fueran a la propiedad que, con nuestra ayuda, la policía local tuvo que abrir una subestación en la oficina de administración del edificio e iniciar un programa de vigilancia que operaba desde algunos de los departamentos vacíos.

No te estoy contando esta historia para amedrentarte. Con ella quiero disipar el mito de que la administración de una propiedad es un trabajo aburrido sin desafíos intelectuales. ¡Todo lo contrario! Durante la lectura de este libro continuarás escuchando historias sorprendentes, aunque, si tal vez has administrado alguna propiedad, te sonarán demasiado familiares. La primera tarea de un administrador de propiedades es lidiar con los inquilinos, y la primera regla para lidiar con los inquilinos es que no hay reglas. Cada vez que reúnes a cientos de personas de distintos orígenes, con personalidades y motivaciones diferentes, estás cocinando algo impredecible. Lo más terrible de la historia de Jumbo es que, para mí, ya ni siquiera es sorprendente.

De cualquier forma que lo mires, la administración de propiedades es un trabajo sucio, pero si se realiza adecuadamente puede añadir una enorme cantidad de valor a tu inversión. Lo sé porque he trabajado en ello durante más de 20 años y he sido testigo del poder de una administración correcta.

Después de 20 años en el negocio de administración, te puedo asegurar algo:

Tip de Padre Rico

Administración pobre = Ganancia pobre

Por cierto, no te sorprenderá saber que no solamente en la administración de propiedades, sino en casi cualquier negocio, el resultado de una administración pobre es una ganancia pobre. Estoy seguro de que me entiendes.

Una administración pobre es una de las razones principales por las que fallan los negocios, punto. ¿Alguna vez has visitado un lugar en donde el servicio es pésimo? ¿Tal vez un restaurante, hotel, tienda de refacciones o la caja de una pequeña tienda? En la mayoría de los casos nunca vuelves a ese lugar. Bien, pues no creas que eres el único. La belleza de este concepto es que por cada negocio que falla existe una persona en total negación o cuyo ego es el responsable directo. Los hechos son casi siempre los mismos: un alto nivel de rotación de empleados, entrenamiento deficiente y mal servicio.

Yo considero a estas personas y negocios como los donadores de tu futuro financiero. Así es como veo a las propiedades que están mal administradas.

Esta es la historia

Este libro no es exclusivamente sobre cómo administrar un inmueble o encontrar un buen administrador, aunque sí explora estos temas. En realidad es sobre las anécdotas. Efectivamente, cada propiedad tiene una o muchas historias que te dan una cantidad de información igual o mayor a la que proporciona el estado financiero.

Mucha gente se sorprende cuando le digo que un estado financiero puede contar una historia, pero es verdad. Los números son el lenguaje universal, y si aprendes a leerlos con fluidez, detectarás patrones que te pueden dar una idea muy clara de la forma en que se ha administrado una propiedad. Si leo el estado financiero de cualquier edificio, en tan sólo unos minutos puedo determinar los aciertos y las equivocaciones en la administración de ese inmueble. Puedo decir si se deben incrementar las rentas o, para ser más específico, si la propiedad sufre de un servicio deficiente para sus inquilinos. Este libro te enseñará que debes escuchar a los profesionales del negocio de administración de propiedades de la misma manera en que escuchas a los de otros servicios; con él comprenderás que debes aprender de la experiencia de otros y, finalmente, verás que los estados financieros pueden describir lo que sucede con tu inversión.

Lo maravilloso de la administración de propiedades es que no tienes que conformarte con la historia como es. Basado en principios básicos, puedes modificar la historia de acuerdo a tus intereses. ¿Tienes una propiedad llena de problemas y gentuza? Bien, pues tú puedes reconstruir la historia para evitar que continúe como hasta ahora. Recuerda que las decisiones que tomes en la administración de la propiedad determinarán tu ganancia.

Aunque yo escribí el libro, y fui quien decidió la dirección que tomaría, las palabras que él utilizaría y lo que te quiero transmitir, en realidad tú eres quien tiene el poder de transformar la historia de tus propiedades. Si escuchas y aprendes de otros administradores, si aprendes a descifrar los estados financieros y a aplicar los principios, tendrás el poder de convertir la calabaza en carroza. Ahora permíteme contar mi historia.

Seré totalmente franco: originalmente mi plan no era dedicarme a la administración de propiedades, sólo salté ante la oportunidad de no pagar renta. Pensé que sería un trabajo sencillo y que me mantendría ocupado mientras estudiaba para obtener mi licencia como corredor de bienes raíces. En otras palabras, me tropecé con la administración, así como le sucede a mucha gente.

El primer empleo que tuve al salir de la universidad fue como administrador de un edificio de 60 departamentos. Ahí trabajaba y vivía. Resultó ser una labor mucho más pesada de lo que había imaginado. Yo era el único empleado en el lugar y mis responsabilidades incluían cobrar rentas, arrendar los departamentos, llevar a cabo el mantenimiento, la comunicación con los residentes y mantener el orden y las reglas. Ganaba 600 dólares mensuales y la posibilidad de habitar un departamento de una recámara sin pagar renta. En aquel tiempo las rentas para un departamento de este tipo estaban alrededor de los 300 dólares al mes, así que de cierta forma, ganaba menos de 1 000 dólares mensuales.

Pensé que era un gran negocio porque acababa de salir de la escuela, no tenía empleo y además, había acumulado una montaña de deudas por los préstamos estudiantiles que había recibido. Incluso si ya no eres un recién graduado como yo, lo más probable es que seas un ingenuo respecto al negocio de la administración como yo lo era entonces. "¿Qué tan difícil podía ser cobrar algunas rentas?", pensé. Pero estaba a punto de aprender una lección.

Al igual que sucede con la mayoría de los jóvenes que terminan la escuela en el sistema de educación estadounidense, tenía un título para colgar en la pared. Sin embargo, no contaba con conocimientos prácticos y mi educación financiera era nula. Es por lo anterior que, aunque ganaba muy poco, apreciaba las enseñanzas que recibía en aquel edificio de 60 departamentos. Me gusta pensar que fue como cursar una especialidad pagada, porque sólo así puedo suavizar la experiencia.

Mi primera misión consistió en despedir a los administradores anteriores. Y ahí estaba yo, un jovencito de 22 años a punto de despedir a alguien. Los dos administradores previos habían permitido que algunos de sus amigos se mudaran al edificio y los amigos organizaban fiestas en las que circulaban alcohol y otras cosas. Como consecuencia, las rentas se dejaban de pagar y no se respetaban los reglamentos. Lo que acabo de describir resulta siempre una receta para que una propiedad se devalúe vertiginosamente. Por si fuera poco, algunos de estos inquilinos en realidad eran distribuidores de droga que operaban desde el edificio.

Yo pensaba que despedir a alguien era difícil, pero resultó sencillo en comparación al trabajo que me esperaba. El problema de encargarse de un edificio en esas condiciones es que, aunque despidas a los administradores, los inquilinos continúan ahí. En muy poco tiempo descubrí que ser administrador significa afrontar oposición en todo lo que intentas hacer. La gente se quejaba, protestaba y rezongaba por todo. Incluso, los inquilinos me amenazaron en algunas ocasiones (afortunadamente nadie cumplió sus amenazas).

Como ya habrás adivinado, yo no era muy popular. Vivía en el edificio y mis vecinos eran los inquilinos, por lo que la situación era muy desagradable. Una ocasión, al salir, encontré que mi auto yacía inclinado sobre un costado, en la calle.

En ese edificio de Seattle ocurría todo tipo de cosas. Por ejemplo, un *skinhead* me robó la cartera y lo negó cuando me enfrenté a él. "Revisa si quieres", me dijo. La encontré en una caja en el piso de su sala.

Una vez un tipo muy agradable que vivía en el edificio tocó a mi puerta con el rostro ensangrentado. Estaba histérico porque su amante lo había golpeado y cuando fui a hablar con el inquilino, terminé discutiendo como si estuviera en medio de un triángulo amoroso.

Créeme, hay muchas historias como esas. El punto es que en el ámbito de la administración de propiedades o inmobiliaria, hay cientos de sucesos extraños de los que nunca te enterarías en un salón de escuela.

Por suerte, yo trabajaba para una sólida compañía de administración y tuve todo el apoyo que necesitaba. Lo más

importante era que el entrenamiento, los sistemas, las políticas y los procedimientos con los que contaban eran excelentes.
Además tenían un departamento central de contabilidad. Todo
lo anterior me permitió realizar mi trabajo eficazmente. Poco
después recibí más responsabilidades, obtuve mi licencia de
bienes raíces y reuní un portafolio de ocho edificios en poco
más de 250 kilómetros cuadrados en el área metropolitana de
Seattle. El portafolio incluía distintos tipos de construcciones,
desde una casa familiar hasta edificios de cuatro, ocho y 24 departamentos. En total manejaba unas 50 viviendas.

Probablemente, tu caso es parecido a los de los clientes
para quienes administraba aquel portafolio. Eran inversionistas
de medio tiempo que aún conservaban sus trabajos de tiempo
completo, y habían contratado a una compañía de administración
independiente para supervisar su inversión en bienes raíces. El
pago por esta supervisión era un pequeño porcentaje de las rentas cobradas que generalmente era de entre 6 y 10 por ciento,
dependiendo del tamaño. En aquel entonces las rentas sumaban
400 dólares mensuales, aproximadamente. Por lo tanto, a través
de la administración reuníamos cerca de 1 600 dólares mensuales para cubrir mi salario, los gastos de operación y mis gastos.

Esta experiencia la viví a mediados y finales de los ochenta. Para ser más eficiente compré un teléfono para el auto. El teléfono no era solamente para impresionar a las chicas, también
era esencial para el trabajo porque durante la semana recorría
cientos de kilómetros del área de Seattle en mi Volkswagen
Scirocco. El problema fue que el costo del teléfono era de unos
500 dólares mensuales. Con la gasolina, sumaban 1 000 dólares
aproximadamente. Yo trabajaba unas sesenta horas semanal-
mente cobrando rentas, coordinando el mantenimiento, super-
visando acciones legales y mostrando los departamentos. La
compañía de administración perdía dinero porque mis gastos
y los de ellos excedían por mucho lo que los inquilinos pagaban

de mantenimiento. Fue sencillo darse cuenta de que, si quería continuar en la compañía, tendría que incrementar mi portafolio y base de clientes con rapidez. Ésa fue una de las primeras lecciones que aprendí sobre este negocio: si no puedo cubrir mis gastos, me convierto en un empleado prescindible.

Aparte de la dificultad anterior, tenía que seguir lidiando con la misma mierda de siempre, literalmente. Uno de los mayores desafíos en la administración es el problema de estacionamiento (hay un viejo dicho que reza: "La administración de inmuebles involucra solamente tres elementos: gente, mascotas y estacionamiento"). En aquel tiempo tenía una disputa permanente con el inquilino de un edificio del centro de Seattle. El problema era la situación del estacionamiento. Un día regresé a mi auto y descubrí que alguien había roto la ventana del lado del conductor del Scirocco. Revisé superficialmente y descubrí que no faltaba nada; subí al auto y me dispuse a continuar mis rondas. De pronto descubrí que el inquilino había untado excremento de perro en el motor. Lo noté unos cincuenta kilómetros más adelante porque el excremento se quemó sobre el bloque del motor y había comenzado a salir por los conductos de ventilación. Por varias semanas el olor fue un recordatorio de lo contrariado que estaba el inquilino con la situación del estacionamiento. Además, en esas condiciones, el teléfono ya no era suficientemente atractivo para las chicas.

Mientras estuve en Seattle pude ampliar mi base de clientes hasta contar con un portafolio de 450 viviendas repartidas en 20 edificios del área metropolitana de Seattle. En algún momento tuve la oportunidad de mudarme a Las Vegas para dirigir una nueva oficina de la compañía. Tenía 26 años de edad y cuatro de experiencia en la administración de propiedades, en total eran cerca de 10 mil horas.

Uno de los primeros logros en Las Vegas fue mi participación en la concreción de un nuevo contrato para la administración de un edificio de 900 departamentos. Con esto, la compañía consiguió una base sólida de negocios en esa ciudad para seguir creciendo. Por desgracia, el lugar estaba muy alejado de las oficinas centrales de la compañía, en Seattle. Yo podía contar con el sistema de contabilidad de la empresa, pero era totalmente responsable del crecimiento del negocio en Las Vegas y de las operaciones cotidianas.

Ése fue el primer paso que tomé en el camino hacia la fundación de mi propia empresa. Al cabo de todo el proceso, tras ocho años en el negocio, había incrementado el portafolio de Las Vegas a 4 mil viviendas. Las propiedades que administraba eran cada vez más grandes y las ganancias comenzaron a incrementarse para la compañía a la que pertenecía, mas no para mí. Me fui avezando en los juegos del negocio y me mudé a Arizona para construir mi primera empresa. Tenía 29 años entonces.

Inicié la compañía con dos socios. Uno de ellos era un amigo y colega a quien conocí cuando trabajaba para la otra compañía. Juntos logramos acrecentar el portafolio de nuestra compañía hasta tener 4 mil viviendas, con lo que obteníamos aproximadamente un millón de dólares de ganancias anuales; en verdad todo parecía estar marchando sobre ruedas.

Por desgracia, fui superficial en mis negocios y no consulté a ningún equipo antes de establecer mi sociedad. Como consecuencia, cerré varios tratos con un apretón de manos y confié en muchos compromisos de palabra. La compañía creció con rapidez pero mis socios tenían mucho más colmillo para los negocios que yo y en aquella primera aventura de negocios aprendí varias lecciones. Después de algún tiempo decidí realizar un cambio. Ahí supe que en la vida las lecciones llegan inesperadamente y que lo que hagas con ellas determina tu futuro financiero.

A pesar de que la sociedad con mis colegas había fallado, en aquel entonces me beneficiaba saber lo que significa tener un negocio. Por otra parte, no contaba con verdaderos activos y había ahorrado muy poco. Tuve que decidir entre volver a trabajar para alguna compañía nacional grande ganando un salario de seis cifras o intentar tener mi propio negocio otra vez.

Tras un par de meses en la playa, decidí que le daría otra oportunidad al mundo de los negocios. Fundé McElroy Management. Mi exuberante oficina consistía en una computadora en la habitación contigua y un portafolio de administración que visitaba todos los días. Era un viaje redondo de casi 200 kilómetros. Ése fue mi primer paso real en el Cuadrante del flujo de dinero (observa la figura). Pasé de ser E a ser un A porque ya no contaba con el apoyo de una compañía grande y como no tenía socios, no podía compartir la carga de trabajo.

Robert Kiyosaki y el equipo de Padre Rico hablan con frecuencia del concepto del Cuadrante del flujo de dinero. Robert también escribió al respecto en el libro *El Cuadrante del flujo de dinero*. Éste es un concepto clave de la filosofía de Padre Rico. En términos simples, el cuadrante establece que existen cuatro tipos de personas en el mundo de los negocios: Empleados, Autoempleados (o dueños de negocios pequeños), Dueños de negocios grandes, y por último, Inversionistas.

Tip de Padre Rico

Mucha gente elige la seguridad en lugar de la libertad.

Es muy raro que una persona pueda dejar de ser un empleado para convertirse en un inversionista con libertad financiera.
Robert y el equipo de Padre Rico enseñan que el proceso de
moverse a través del Cuadrante de flujo de efectivo es como
hacer un viaje. Y así fue para mí, la travesía duró 15 años.

Empleado E	Mis primeros ocho años al salir de la universidad.
Autoempleado A	Trabajaba siete días a la semana para satisfacer las exigencias de mis clientes y para hacer crecer mi negocio. No tenía empleados al principio y tuve que construir mi negocio lentamente hasta el punto en donde finalmente pude tomarme un día libre. Si solamente hubiera decidido dejar de trabajar, habría terminado en un albergue porque mis ingresos habrían cesado.
Dueño de negocio grande D	Tras varios años logré convertir mi compañía en un negocio exitoso. Tenía treinta y tantos empleados trabajando para mí y, si quería tomarme un tiempo libre, no dejaba de recibir ingresos. Finalmente, después de varios años de trabajo duro, el dinero comenzaba a trabajar para mí y no a la inversa.
Inversionista I	Era el exitoso dueño de un negocio, libre pero no independiente. Cuando conocí a mi socio de negocios, Ross McCallister, mi vida cambió. Además de administrar para nuestros clientes, juntos comenzamos a invertir en grandes edificios de departamentos. Ya no solamente administrábamos, también éramos propietarios. *MC Companies* tiene en la actualidad muchas entidades corporativas, y todas ellas producen dinero incluso cuando nosotros no estamos durante meses.

Con la fundación de mi propio negocio logré moverme de Empleado a Autoempleado; fue el primer paso hacia mi libertad financiera. Con el tiempo hice que *McElroy Management* se convirtiera en un negocio grande con 6 mil viviendas bajo su administración. De esta manera me convertí en el propietario de un negocio y transité hacia el lado derecho del Cuadrante de flujo de efectivo, el sitio en donde realmente comienza a generarse la riqueza. Si eres un E o A, y dejas de trabajar, el flujo de efectivo en forma de cheque de nómina, se verá interrumpido. Sin embargo, si eres un D o I, tienes la libertad de generar riqueza aunque no estés trabajando.

Robert suele decir: "Los negocios y las inversiones son deportes de equipo." Cuando conocí a mi socio, Ross McCallister, me tomé muy en serio la frase. Lo conocí en 1996, fusioné *McElroy Management* con su compañía *McCallister Management*, y así nació *MC Companies*. Ése fue el último paso en mi viaje a través del Cuadrante de flujo de efectivo; ya no solamente administraba las inversiones de otros, también había comenzado a invertir en propiedades mucho más grandes.

Actualmente poseo con Ross, mi socio, más de 4 mil viviendas, lo que equivale a unos 400 millones de dólares en propiedades. Además, a través de *MC Companies* manejamos 5 mil viviendas aparte de las nuestras. Nuestra compañía cuenta con ocho corporaciones distintas. Estas realizan tareas que van desde la construcción integral hasta la renta de viviendas por períodos cortos. Todas esas corporaciones trabajan para nosotros y generan riqueza, no al revés. Es necesario saber que los movimientos en el Cuadrante de flujo de efectivo no son una transformación inmediata sino un largo viaje. Debes dar pequeños pasos hacia la meta de libertad financiera; en algún momento, los pasos se sumarán y verás los resultados. Mi primera inversión en propiedades fue un condominio de dos recámaras y dos baños en Scottsdale, Arizona. Lo compré poco después de haber fundado *McElroy Management*.

Después de la publicación de mi primer libro, *El ABC de la inversión en bienes raíces*, viajé por todo el mundo con Robert y el equipo de Padre Rico. Durante ese viaje tuve la oportunidad de hablar con mucha gente. Estas personas habían aplicado los principios del libro para conseguir sus primeras propiedades, y de esa forma también iniciaron su viaje hacia la independencia financiera. Sin embargo, casi ninguno tenía idea de cómo administrar sus inversiones, y fue ahí donde me di cuenta de que hacía falta un libro sobre la administración de propiedades o administración inmobiliaria.

Este libro está inspirado en tres preguntas que me hacen continuamente cuando doy conferencias por todo el mundo en los seminarios de Padre Rico:

- ¿Administro mi propiedad o contrato a alguien para que lo haga?
- ¿Cómo identifico a un buen administrador de propiedades?
- ¿Cómo contrato a un buen administrador de propiedades?

Como lo mencioné anteriormente, el libro no versa solamente sobre el proceso mecánico que involucran las preguntas anteriores, sino sobre las historias de quienes pueden darnos una visión profunda de sus respuestas. Lo que quiero decir es que no se trata sólo del qué, sino del porqué. Así que siéntate y relájate porque vamos a revisar algunas notas sobre la administración de propiedades y el recorrido será salvaje.

Sección 1

¿Administro mi propiedad o contrato a alguien para que lo haga?

Capítulo 1

El tamaño no importa

El título de este capítulo tiene su dosis de humor, pero cuando hablamos de la aplicación de los principios de una buena administración de propiedades, el tamaño verdaderamente no importa, punto. Cuando no se aplican los principios de una sólida administración de propiedades, las cosas comienzan a ir terriblemente mal y entonces aplica este otro principio: Entre más grande es la propiedad, más grande es la pérdida financiera.

Tip de Padre Rico

Los principios sólidos de la administración
de propiedades se traducen en éxito,
sin importar el tamaño de una inversión.

Estoy pensando en dos propiedades que ilustran perfectamente este punto. La primera era un multifamiliar en Arizona que administraba mi compañía y la otra era una casa familiar en Washington que pertenecía a mis suegros (todos los nombres y detalles han sido cambiados). Además de comunes, estas historias son trágicas a su manera. En la administración de bienes raíces, los inversionistas cometen una y otra vez los mismos errores y, sin importar el tamaño de la propiedad, los efectos son devastadores.

Está bonito, pero...

Mi compañía administraba un edificio en Arizona que ilustra perfectamente los errores más comunes y los resultados de no aplicar principios sólidos de la administración de propiedades. Esa propiedad sigue teniendo muy mala fama en mi compañía a pesar de que hace años dejó de ser parte de nuestro portafolio.

El edificio contaba con 200 departamentos en un área suburbana muy agradable del pueblo. La adquirió un grupo de otro estado que cometió muchos errores. La mayor de las equivocaciones fue adquirir la propiedad sin verla y sin enviar a alguien para que la inspeccionara. Además, no sabían nada sobre el mercado. Para ahorrar dinero, en lugar de contratar a una compañía local de administración que conociera el mercado y que tuviera contacto con los proveedores locales, decidieron administrar por sí mismos el inmueble. Seleccionaron a una persona sin experiencia. Era un "amigo" que tenían; lo contrataron para volar a Arizona y visitar la propiedad una vez al mes. El resultado fue desastroso y un error tan básico como éste, les costó *millones* de dólares a los inversionistas.

Cuando se dieron cuenta de que estaban en un serio predicamento financiero, los propietarios me contactaron y solicitaron que mi compañía administrara el inmueble. Con reticencia, les dije que lo haría; sabía que no sería fácil de ninguna manera. Cuando nos hicimos cargo de la propiedad e investigamos a profundidad todos los aspectos de su operación, mi temor inicial se hizo realidad. A continuación te mostraré una carta que escribí a los propietarios. En ella les explico los pasos que daríamos para poner la propiedad en orden. Lo más increíble es que trabajamos a marchas forzadas durante todos los días de un mes, para producir la información que se presenta en la carta. Si te niegas a creer lo que vas a leer, créeme, no eres el único.

De acuerdo con la conversación que sostuvimos hoy, a continuación se presenta una lista de los problemas que se encontraron en la propiedad durante las primeras tres semanas.

1. **Estado de la propiedad**
   A nuestra llegada a la propiedad, la ocupación era de 160 viviendas, o sea, 80 por ciento. Había 14 departamentos previamente arrendados y cuatro no arrendados, con aviso para desocupar. De los departamentos pre arrendados vacíos, se habían cancelado los contratos de cinco. Al revisar el historial de rentas determinamos que el número total de ocupaciones daba un promedio de 12 en todo el año pasado.

   Las rentas de febrero suman un total de 13, de las cuales una no se pudo cobrar porque el inquilino tenía crédito insuficiente. Decidimos que se deben rentar más departamentos este mes. Hemos seleccionado los departamentos basándonos en una combinación de la cantidad de tiempo que han estado desocupados, la ubicación y el estilo. Se han establecido aumentos en las rentas de los departamentos de la planta baja (25 dólares, debido a que cuentan con una terraza más grande). También realizamos un incremento en el precio de los departamentos grandes que tienen tres habitaciones. El incremento es de 45 dólares y la renta final será ahora de 1 050 dólares mensuales.

Actualización (160 departamentos ocupados al momento del cambio de administración)

Departamentos ocupados
Actualmente: 170   85%
Arrendados desocupados: 176   88%
Arrendamiento neto: 172   86%   (Después de los avisos de desalojo)

2. **Problemas de mantenimiento**

A. *Departamentos listos para el mercado.* De los 40 departamentos vacíos que había cuando llegamos, ninguno estaba preparado para rentarse. Revisamos todos y evaluamos los daños. De acuerdo al desglose que les enviamos el 20 de febrero, encontramos que 70% de los departamentos vacíos tiene daños de moderados a fuertes. Algunos requieren arreglos mayores y han estado en desuso por cerca de 200 días. En este momento ya tenemos cinco departamentos listos para el mercado y hemos trabajado en nueve más.

B. *Solicitudes de servicios de mantenimiento.* Al inicio de la nueva administración había un total de 59 solicitudes de servicios de mantenimiento. En las tres semanas pasadas, hemos usado a los empleados de otras propiedades de *McElroy* para ayudarnos a reparar los departamentos y para cubrir todas las solicitudes de servicio, exceptuando aquellas en las que hay problemas con los techos. Debido a esta situación hay muchos inquilinos molestos que están a punto de abandonar sus departamentos.

C. **Empleados.** Se realizó una evaluación de los empleados de mantenimiento actuales y se determinó que tanto el supervisor como el técnico, deben ser remplazados. Los calendarios para remozamiento de departamentos para renta, solicitudes de servicio y trabajos en los terrenos, no se estaban cumpliendo. Contratamos remplazos para ambos puestos.

D. **Techos.** Se detectaron goteras en toda la propiedad, especialmente en cinco departamentos ocupados y en 12 de los vacíos. Además, prácticamente en toda la construcción se presenta cierta cantidad de problemas con los respiraderos y/o daño en los domos de las terrazas. Como resultado de las goteras, hay daños interiores mayores como humedad en paredes, alfombras, artículos eléctricos y pintura. Por otra parte, detectamos moho en varios departamentos que requerirán tratamiento profesional. Entendemos que no hay garantía para los techos que se reemplazaron recientemente, en los últimos dos años. Por ello hemos contactado a uno de nuestros contratistas para que evalúe los daños. Su personal descubrió que el método que se utilizó para la reparación constó solamente de la aplicación de una capa sobre los techos actuales. También nos indicaron que las áreas de almacenamiento tienen fuertes problemas de goteras y que solamente se les aplicó papel de impermeabilización y cemento para techos. Nuestro estimado se basará en reparaciones a corto y largo plazo. Mientras tanto, se llevarán a cabo reparaciones urgentes inmediatas. **Costo estimado: 30 mil dólares.**

E. **Terrazas.** Siete terrazas de departamentos ocupados y dos terrazas más de departamentos vacíos de arriba, se pudrieron y representan un inconveniente mayor. Esto es resultado de acumulación de agua en el pasto artificial.

Determinamos que la mejor y más económica forma de reparación consiste en retirar el pasto y, si es posible, recubrir las placas de madera existentes con otra lámina y utilizar tornillos para muro de mampostería. Después se puede aplicar un producto elastómero para prevenir daños en el futuro. Atenderemos este problema de inmediato porque representa un riesgo para la seguridad. Los inquilinos no pueden usar sus terrazas porque si se quiebra el piso podrido podrían caer y lastimarse seriamente. **Costo estimado: nueve terrazas a 250 dólares cada una = 2 250 dólares**.

F. *Calentadores de agua.* Fue necesario reemplazar cinco calentadores de agua en este mes porque se encontraban llenos de herrumbre. El trabajo lo realizaron trabajadores de la administración. **Costo: 2 mil dólares.**

G. *Alfombras/pisos.* Después de revisar los departamentos vacíos, encontramos que hay 10 cuya alfombra debe reemplazarse, además de otros dos en donde las alfombras podrían no quedar completamente limpias. Sin embargo, parece que en todos los departamentos vacíos el vinilo está en buenas condiciones. **Costo estimado: 9 mil dólares.**

H. *Puertas interiores.* En los departamentos vacíos hay 31 puertas dañadas o faltantes debido al descuido de los inquilinos. **Costo estimado: mil dólares.**

I. *Aparatos eléctricos.* En los departamentos vacíos, siete refrigeradores y una estufa están dañados, necesitan ser reemplazados o faltan. **Costo estimado: 3 500 dólares.**

J. *Ventanas.* Debido a vandalismo hay seis ventanas rotas en los departamentos vacíos. Las ventanas de abajo están clausuradas con tablones. **Costo estimado: 750 dólares.**

K. *Sistema de control de clima.* Dos motores de condensador para los ventiladores tienen que ser reemplazados (fueron robados para ser usados en otros departamentos). **Costo estimado: 550 dólares.**

L. *Reparaciones de mampostería.* Muchos de los departamentos vacíos tienen daños considerables en la mampostería debido a las goteras de los techos y al abuso de los inquilinos. El departamento del anterior asistente de administración tiene un daño importante en la mampostería por vandalismo. El asistente se mudó al departamento de junto y abrió un boquete en la pared con una patada para pasar a su departamento anterior. También hay moho y varios departamentos necesitan reparaciones. **Costo estimado: 15 mil dólares.**

M. *Gabinetes y cajones.* En conjunto, faltan o están dañados 15 cajones y puertas de gabinetes de los departamentos vacíos. **Costo estimado: 500 dólares.**

N. *Cancha de tenis.* Fue necesario cerrar la cancha de tenis porque había una cerca rota. Varios de los postes de apoyo están totalmente oxidados y representan un peligro para los inquilinos. Estamos recibiendo presupuestos de reparación. **Costo estimado: 2 mil dólares.**

3. **Situación del efectivo**

Este mes, la cobranza de rentas suma un total de 92 mil dólares. Esta cantidad no incluye los 12 mil dólares en rentas prepagadas que fueron depositados en su cuenta. Hasta ahora los gastos, incluyendo las cuentas por pagar y las facturas que nos entregaron ayer, suman un total de 110 800 dólares. Estimamos que durante los próximos seis meses habrá un déficit del flujo de efectivo de aproximadamente 100 mil dólares (después de cubrir cuentas mensuales por pagar).

4. **Otros problemas**

A. Debido a la baja calidad en el perfil de los inquilinos, es muy alto el promedio de rentas que no se han cobrado. Tendremos que desalojar a entre 30 y 40 inquilinos.

B. El vandalismo y el reciente asesinato representaron un golpe inesperado para nosotros. Estamos trabajando con nuestro oficial permanente para intensificar el patrullaje y así evitar crímenes en el futuro. También nos reunimos con el oficial de "libre de crimen" de la ciudad. Obviamente, las cintas amarillas de la policía que dicen "No acercarse", nos dificultan mostrar los departamentos vacíos.

C. En este momento estamos auditando los expedientes de los inquilinos y encontramos varios errores y contratos de arrendamiento sin firmar.

D. Completamos la reorganización de la oficina. Cuando llegamos, los expedientes de los inquilinos no estaban archivados en gabinetes y la oficina estaba desordenada.

E. Retiramos toda la basura y muebles rotos que estaban almacenados en el área de mantenimiento.

F. Cuando se realizó el cambio de administración descubrimos que durante dos semanas no se habían ingresado datos al sistema de la computadora. Actualizamos la actividad de enero y completamos el cierre mensual.

Lista de gastos:

Estimado por mala administración	$104 800
Cuentas no pagadas entregadas a la nueva administración	$110 800
Flujo negativo de efectivo del primer al sexto mes	$100 000
Dinero que deben aportar los propietarios	$315 600

Como podrán darse cuenta, enfrentamos un panorama sumamente adverso que incluso puede empeorar. Creo que hemos
identificado la mayoría de los problemas y ofrecido planes para
solucionar cada uno. Necesitamos hablar sobre cómo afrontar
estos gastos. Los mantendremos informados.

Atentamente,
Ken McElroy
Presidente

Anteriormente mencioné que para reunir esta información trabajamos durante un mes completo. Tuvimos que auditar todos
los expedientes de la propiedad, entrar a cada uno de los departamentos e inspeccionar los aspectos exteriores del edificio. Aquí
estamos hablando de una gran cantidad de horas-hombre, y todo
como resultado de una mala administración.

Las operaciones que necesitaban realizarse para el cambio de administración representaron un gran desafío para mi
compañía. Pero además de ese desafío, tuvimos que lidiar con
el hecho de que los propietarios fueron hostiles y poco coope-
rativos con nosotros. La razón es que habíamos lastimado sus
egos. Desgraciadamente, no tenían idea de la magnitud del daño
que había sufrido su inversión. Cuando finalmente habíamos
recabado toda la información y la presentamos en términos de
costos, comenzó el período de negación. En vez de afrontar su
responsabilidad por haber tomado malas decisiones en cuanto
a la administración o la falta total de la misma, decidieron ignorar nuestra asesoría.

Nuestra labor incluyó reuniones, trabajo con subcontratis-
tas, interacción con los inquilinos, contratación de nuevo personal
y su respectivo entrenamiento, conferencias telefónicas, envío de
faxes y correos electrónicos, realización de proyecciones, hojas de
cálculo y presupuestos, *además* del enfrentamiento con cada uno

de los proveedores que estaban molestos porque no se les había pagado. Todo lo anterior representó un gran desgaste físico y mental para mí y mis empleados. ¡Ah! Y por cierto, por todo este trabajo, mi compañía estaba cobrando solamente 3 mil dólares mensuales de honorarios, que es menos de lo que le pago a mi asistente.

Los propietarios dejaron que las cuentas por pagar se fueran a números rojos hasta que el hoyo fue demasiado grande para salir de él. El otro gran problema fue que no nos estaban proporcionando el dinero para pagar las cuentas pendientes, acumuladas por servicios cumplidos desde antes de que nosotros nos hiciéramos cargo del inmueble.

Como los propietarios habían sido los administradores anteriores, solamente retrasaron lo inevitable culpando a "la nueva administración" (es decir, a mi compañía) de la falta de flujo de efectivo. Aún peor, no comunicaron nada de lo anterior a sus inversionistas porque, ¿tú querrías decirle a la gente que te apoyó con millones de dólares, que metiste las cuatro patas y perdiste el dinero? Es mucho más sencillo vivir en la negación y culpar a alguien más, y eso es exactamente lo que ellos hicieron.

Debido a que los propietarios no se comunicaban con sus inversionistas, éstos nos llamaron a nosotros e hicieron muchas preguntas. Esta situación tensó aún más la relación entre mi compañía y los propietarios.

Como lo mencioné anteriormente, los propietarios/ administradores, no nos proveían de los fondos necesarios para pagar las cuentas pendientes. Todavía peor, debido a la precaria situación en que se encontraba la propiedad al momento de cambio de administración, se hizo evidente que ni siquiera tendríamos dinero para pagar los salarios de los empleados o la hipoteca de la propiedad. Al final, como los propietarios no estaban dispuestos a darnos el dinero necesario a pesar de estar obligados a hacerlo por contrato, tuvimos que ejercer nuestro derecho contractual de no tomar en cuenta a los propietarios/administradores y llamar directamente a los inversionistas para pedirles *más* dinero además del que ya habían invertido para cubrir cuentas y pagar salarios. Te podrás imaginar que las cosas no salieron bien y, nuevamente, en vez de aceptar su responsabilidad, los propietarios decidieron prescindir de nuestros servicios.

La siguiente empresa de administración que contrataron duró seis meses. Al final de este lapso la propiedad estaba en un estado más allá de cualquier reparación. Tuvo que ser vendida con grandes pérdidas para los inversionistas.

¿Notaste que en la carta que escribí a los propietarios, hice referencia a un asesinato? Eso también fue resultado de la mala administración. Como los administradores anteriores no verificaron adecuadamente la información de sus prospectos de inquilinos, varios criminales lograron colarse. Según los informes de la unidad de crimen de la ciudad, el asesinato había sido un trabajo profesional. Éste es un espantoso recordatorio de que, sin una buena administración, hasta las mejores propiedades en una buena zona, se pueden convertir en un dolor de cabeza y en un peligro para la comunidad.

Además de las dificultades de la propiedad misma, ayudamos a los dueños a solucionar el problema de un sobrepago de 35 460 dólares, hecho a favor del sistema de alcantarillado de la ciudad. Para construir una vía rápida junto a la propiedad, se tuvieron que demoler 68 departamentos. El dueño consideró que no era necesario informar a la ciudad que tras la demolición se había modificado el número de viviendas. Sin embargo, los cobros de alcantarillado se realizan con base en el número de las mismas, por lo que el dueño había estado pagando de más durante 42 meses.

Lo peor fue cuando descubrimos que, incluso después de la demolición, la ciudad había cobrado a la propiedad como si constara de 280 departamentos. Antes de la demolición, en la propiedad solamente había 268. Además, estos cobros se habían realizado durante los 49 meses siguientes. En pocas palabras, de manera sistemática, la ciudad le había cobrado de más a la propiedad durante 91 meses, ¡El equivalente a siete años y medio!

En mi compañía, muchos empleados bromeaban diciendo que sobre la propiedad pesaba una maldición. La verdad es que no hay propiedades malditas, sino mal administradas. Sin importar el tamaño, si una propiedad se administra adecuadamente, tendrá un buen desempeño y habrá un incremento en su valor.

Irónicamente, a pesar de que los dueños negaban la situación de la propiedad, se dieron a la tarea de obstaculizar todos nuestros movimientos. Como no había dinero en efectivo, los problemas de ellos se convirtieron en los nuestros. Al final, estaban frustrados porque nosotros no dejábamos de solicitar los fondos para arreglar la propiedad y porque, a su vez, tenían que eludir a sus propios inversionistas. Muy pronto la situación se tornó en confrontación y tuvimos que terminar la relación de trabajo.

El inquilino problema

Si tu inversión principal es una pequeña casa familiar o departamentos dúplex, tal vez estás pensando ahora: "Por supuesto que cuando se invierte en un edificio como el de la historia anterior es evidente que se debe contratar a un administrador. Pero ¿cómo se aplica eso en mi caso? ¿En verdad necesito un administrador para una casa o un dúplex?"

En varias ocasiones he hablado con gente que cree que una administración profesional de inmuebles es sólo para aquellos que tienen grandes edificios de departamentos, es decir, para inversionistas que cuentan con los recursos para contratar a una compañía. Bien, pues no hay nada más falso.

Esas mismas personas suelen creer que deben administrar sus propiedades por sí mismos; "No es ningún problema", dicen. "¡Qué tan difícil puede ser cobrar la renta!" ¡Vaya, qué sorpresa se llevarán! Administrar una propiedad conlleva tiempo y esfuerzo, sin importar de qué tipo sea. La razón para lograr esto la mencioné anteriormente: el tamaño no importa. Y no importa porque siempre aplican los mismos principios: tienes que localizar a los inquilinos, cobrar las rentas, realizar mantenimiento, completar proyectos importantes, iniciar acciones legales, y la lista sigue y sigue.

Esto no quiere decir que no puedas administrar tu propiedad o que no tendrás éxito. Mucha gente lo logra. Pero en la mayoría de los casos, las personas se meten en la administración con los ojos cerrados y tienen resultados financieros desastrosos. No significa que sean torpes o incompetentes. Yo he conocido a muchas personas muy inteligentes que tienen espantosas anécdotas de cuando intentaron administrar sus propiedades. O mejor dicho, lo que te puede llevar al desastre es la falta de comprensión de los principios básicos. Generalmente no te enfrentas a una gran catástrofe de inmediato, sino que un error te lleva a otro, y a otro, y a otro, y, bueno, me entiendes. Al final, el razonamiento de la mayoría de los inversionistas *amateur* los hace culpar a los bienes raíces mismos, asumiendo que fueron tan sólo "una mala inversión".

Aquí no estoy hablando en abstracto, te daré un ejemplo. Mis suegros adquirieron una casa en el estado de Washington para rentarla. La casa estaba al final de un camino cerrado en un agradable vecindario. La mayoría de los vecinos eran dueños de sus casas. Era una casa de buen tamaño con cuatro recámaras y tres baños, así que generalmente se la rentaban a familias. Mis suegros compraron la casa a principios de los ochenta por unos 70 mil dólares y el valor actual es de aproximadamente 350 mil. Como inversión ha sido un buen negocio. Hasta tuvieron buena suerte al principio con los inquilinos. Sufrieron apenas daños menores que necesitaban reparación, y cobrar la renta nunca fue un inconveniente mayor. Pero todo eso terminó cuando conocieron a "el inquilino problema".

Tuve la oportunidad de cenar con mis suegros en una ocasión y charlar sobre la experiencia que tenían con su casa. Ellos son gente maravillosa, inteligente y cariñosa, pero con la renta de su propiedad se enfrentaron a un problema abrumador. Desgraciadamente, no se puede culpar a nadie más que a ellos mismos de esta situación. Pasamos dos horas hablando sobre la desilusión y los desafíos a los que se habían enfrentado con la casa y su inquilino. Si deseas leer más sobre esta historia, la puedes encontrar en mi sitio Web, KenMcElroy.com.

Mis suegros se toparon con el inquilino problema, a quien llamaremos Ross, a través de un anuncio en el periódico. Ellos siguieron su procedimiento usual para evaluar a un inquilino potencial. Indagaron brevemente sobre las referencias y tuvieron una entrevista con él. Desde el principio, el inquilino mencionó que acababa de declararse en bancarrota, pero como mis suegros son personas muy gentiles, de todas formas le rentaron la casa. Tomaron la decisión con el corazón, no con el cerebro. A continuación leerás lo que mi suegra decía al respecto.

"Los inquilinos eran buenos cristianos e iban a la iglesia. Su pastor fue el fiador porque nosotros así lo solicitamos. El hermano de Ross estaba en la cárcel, por lo que Ross y su esposa se hacían cargo de sus sobrinos, dos niños. Vivían en un departamento con sus sobrinos y sus propios hijos, así que la triste historia decía que necesitaban más espacio. Bien, pues ahí fue en donde nuestros corazones tomaron el mando y les rentamos la casa. Creo que sencillamente podemos decir que cometimos el error de no verificar los antecedentes. Sentíamos que nos estábamos arriesgando, pero el hecho de que ellos se estuvieran encargando de sus propios hijos y de sus sobrinos, y que necesitaran el espacio, nos hizo ceder. Fue un tremendo error."

El primer cheque de depósito de Ross, rebotó. También había una historia tras eso (siempre las hay). De cualquier forma, mis suegros continuaron apoyándolo. Mi suegro lo resume de esta forma:

"Ross siempre tenía un pretexto, y al principio le creía. Ya sabes, es porque no quieres arrojar a alguien a la calle desde el primer momento. Al principio ni siquiera la renta era un problema importante. Ahora me da risa porque la mayor dificultad era solamente que nos pagara a tiempo. Comparado con lo que sucedió más adelante, no parecía tan malo. Cuando los íbamos a visitar, la casa se veía bien. Al principio."

Hasta este momento seguramente ya intuiste que con el paso del tiempo, la renta tardía se convirtió en el menor de los problemas. Pues estás en lo correcto. En algún momento, Ross simplemente ya no pagó la renta. Al término de todo el proceso, las rentas no pagadas sumaban un total de 15 mil dólares, aproximadamente 19 meses de atraso.

Además de eso, Ross decía ser muy hábil para los arreglos domésticos y que había trabajado como carpintero y jardinero. Inició proyectos en toda la casa sin permiso de mis suegros. Supuestamente serían renovaciones y mejoras, lo cual no sonaba mal. El problema es que nunca terminó algunas de ellas. Durante el tiempo que Ross habitó la casa, inició los siguientes proyectos:

- Deshizo por completo los patios frontal y trasero, incluyendo los enrocados que delimitaban la propiedad, causando así daño a los patios de los vecinos. También derrumbó accidentalmente la terraza trasera de la casa.
- Retiró todas las puertas interiores de la casa.
- Retiró todos los zócalos.

- Quitó todos los gabinetes y artículos eléctricos de la cocina.
- Arrancó todos los tocadores de los baños.
- Comenzó a instalar un jacuzzi.
- Agrandó un clóset que daba al garage, con lo que se hizo imposible estacionar un auto ahí.
- Demolió un muro en una bodega de la planta baja porque quería un baño más grande.
- Retiró toda la alfombra del primer piso para instalar pisos de madera.
- Comenzó a redondear todas las esquinas entre las paredes.
- Comenzó a instalar una regadera demasiado grande en el baño de la planta baja.

Ninguno de estos proyectos fue supervisado por un contratista con licencia, por lo que surgieron muchos problemas de plomería y electricidad.

Además de todo lo anterior, Ross les había robado dinero a mis suegros. "Sucedió el verano en que finalmente logramos sacarlo de ahí", según cuenta mi suegra. "Dije, 'Tenemos que averiguar en dónde quedaron los adoquines faltantes del jardín que dejamos en el patio trasero'. Así que fuimos a la tienda en donde los habíamos comprado. Después de un rato de estar pensando y buscando, los empleados de la tienda finalmente recordaron que en realidad Ross había ido el verano anterior a regresar los adoquines y que había pedido que le reembolsaran los 600 dólares."

Te estarás preguntando: "¿Cómo pudo suceder todo eso?" Mis suegros no son, de ninguna manera, inversionistas novatos. Tienen cuatro propiedades en el área de Seattle y hasta antes de conocer al inquilino problema, siempre las administraron ellos mismos desde Scottsdale, en Arizona, en donde vivían una parte del año. Ellos aseguran que nunca habían tenido problemas hasta que conocieron a su inquilino problema. Sin embargo, eso se debe más a la suerte que a una estrategia bien calculada. De hecho, cayeron en esa grave situación debido a su falta de fundamentos sólidos en la administración de propiedades. Sufrieron el síndrome de "Sujétate y espera a que las cosas mejoren", el cual te hace creer que, *esta vez*, la persona sí modificará su comportamiento, sin tomar en cuenta el patrón de conducta previo.

La situación casi siempre comienza sonando de esta forma:

"Es que cuando alguien ha sido tu inquilino por años y te ha pagado cerca de 100 mil dólares de renta, eres flexible porque crees que será capaz de funcionar bien si se concentra. Nos empeñamos en ayudarlo a enfocarse en algunos de los proyectos que tenía y ver que los terminara."

Y casi siempre termina sonando así:

"Pero resultó que esperábamos demasiado. En el último año y medio fue obvio que no iba a concretar los proyectos. La única forma en que sucedería era que lo sacáramos y los termináramos nosotros mismos con los asistentes que contratáramos. Cuando llegamos a esa conclusión, comenzamos a dirigir todos nuestros esfuerzos a sacarlo de la casa."

Mis suegros terminaron por contratar a un administrador que desalojó a Ross. Sin embargo, el daño estaba hecho. En el otoño de 2004 debieron abandonar su retiro y viajar desde Scottsdale a Seattle para comenzar las reparaciones de la casa.

Tuvieron que emplear a un contratista y pedir ayuda a dos amigos, así que se necesitaron cinco personas para hacer todo el trabajo. Esas cinco personas trabajaron entre seis y ocho horas diarias, de septiembre a noviembre, para lograr que la casa fuera habitable de nuevo. Esos tres meses de su descanso, se esfumaron.

En el balance final, la decisión de rentarle a Ross les costó:

Rentas atrasadas	$15 000
Reparaciones	$55 000
No cobrar rentas en nueve años	$40 000
Total	$110 000

Sorprendente, ¿no? Lo más increíble es que mi suegro había pagado solamente 70 mil dólares para comprar la casa. Los gastos relacionados con la mala administración le costaron 1.5 veces el valor del inmueble. ¡Auch!

Es importante entender que aparte del impacto económico, también hubo un profundo desgaste emocional. Mis suegros no sólo tuvieron que lidiar con sus propias emociones, también con las del inquilino, su familia y los vecinos, quienes ya habían contactado al gobierno de la ciudad y a todas las agencias gubernamentales para hacer que los inquilinos se mudaran. A veces la tensión era insostenible y al final, la situación había afectado a mis suegros en lo individual y como pareja.

"Eso fue lo único por lo que peleamos en la vida", dice mi suegra. "Jamás, jamás habíamos discutido antes. Y a veces hasta nos gritamos. Sé que fue difícil para mi esposo porque él se guarda todo; yo soy más extrovertida. Quería hablar al respecto, pero él no quería porque era una situación demasiado desagradable. Fue terrible, terrible."

Escuché toda la historia en el curso de varias reuniones familiares. Se convirtió en una fuente constante de tensión y desequilibrio emocional para los padres de mi esposa. Fue muy difícil ser testigo de ello.

Ellos solicitaron mi asesoría, pero no siguieron mis consejos. Yo no era mejor que ellos, pero contaba con 20 años de experiencia dirigiendo compañías que enfrentaban situaciones exactamente iguales a ésta. Sabía bien lo que tenía que hacerse, pero era su misión llevarlo a cabo. Cuando finalmente se decidieron, fue demasiado tarde.

Capítulo 2

Sistemas de administración de propiedades

En el Capítulo 1 exploramos dos historias que describen los horrores de no seguir principios sólidos de administración. Probablemente ahora te preguntes: "¿Cuáles son esos principios?" Y eso es lo que discutiremos en este capítulo; podemos aprender mucho de las historias que relaté anteriormente. Las dos historias tienen puntos en común:

- Ambos dueños vivían en un lugar distinto de donde se ubicaba su propiedad, sin embargo, decidieron administrarla ellos mismos en vez de contratar la ayuda de alguien que conociera bien el mercado y que pudiera vigilar constantemente la inversión.
- Ambos dueños tenían sistemas deficientes para administrar sus propiedades.

Lejos del estado, lejos de mi mente

Generalmente no es buena idea administrar tu propiedad si no vives en la misma área. Los mercados tienen una cantidad infinita de detalles importantes que no puedes conocer si no te especializas en dicho mercado. Estos detalles pueden ser de tipo legal, de conocimiento del submercado, de relaciones locales, patrones climáticos y otros. Casi siempre es mejor contratar a una persona de la localidad que conozca el terreno a fondo.

Yo tengo una propiedad en Oklahoma. Mi compañía se especializa en la administración, manejamos unos 5 mil inmuebles. ¿Acaso crees que uso mi compañía para administrar la propiedad de Oklahoma? Ni de broma. Nuestras oficinas centrales están en Scottsdale, Arizona, y con el tiempo que se requiere para establecer operaciones eficientes en Oklahoma sería una enorme pérdida de tiempo y energía.

En lugar de eso, organicé un equipo.

En mi libro anterior, *El ABC de la inversión en bienes raíces*, hablé acerca de la necesidad de construir un equipo. En el negocio de bienes raíces no hay nada más importante que organizar un equipo. Yo usé el mío durante todo el proceso de la adquisición del edificio en la ciudad de Oklahoma. Allá recluté a un corredor local para que buscara la propiedad y para que obtuviera información detallada sobre el mercado. También le pedí a mi abogado que redactara y revisara los documentos legales como el contrato de compraventa. Usé a mi diligente equipo de la compañía para explorar cada pulgada del edificio antes de comprarlo. Si crees que puedes hacer negocios de bienes raíces por ti mismo, estás completamente equivocado. Hay muchos detalles que solamente los expertos saben detectar, ellos pueden ver cosas que nosotros dejaríamos pasar por completo.

Decidí contratar a una compañía de administración para que manejara la propiedad de Oklahoma en lugar de hacerlo yo. ¿Por qué? Aunque había hecho mi tarea al adquirirla e investigar a fondo el estado del mercado en ese momento, dentro de unos meses esa información se volvería obsoleta porque los mercados cambian constantemente.

Por otra parte, el mercado de Oklahoma no es el único que cambia todo el tiempo. La ubicación del inmueble está dentro de un submercado dentro del mercado, y ese submercado también sufre modificaciones todo el tiempo. Por ejemplo, puede ser que haya concesiones para los inquilinos en la región sur de la ciudad porque la tasa de ocupación es baja, pero que en el norte la tasa sea más alta y por lo mismo no haya promociones especiales. ¿Te imaginas si desde mi computadora en Arizona yo investigara por internet cómo están las rentas en la ciudad de Oklahoma? Si encontrara que hay promociones especiales, podría decidir aplicarlas en mi propiedad del submercado del norte, en donde la ocupación es más baja. ¿Te imaginas eso? Sería casi como salir a la calle a regalar dinero.

Cuando vives a más de tres mil kilómetros de distancia, es imposible mantenerte informado de todos los cambios en un mercado, y eso provoca dolores de cabeza que yo no quiero tener. Recuerda las propiedades del Capítulo 1. En ambos casos las rentas estaban muy por debajo del mercado porque los propietarios vivían demasiado lejos como para tener una visión general de hacia dónde se movía. Por esa razón perdieron valiosas oportunidades de producir ingresos por esta razón.

Cuando nos hicimos cargo de la propiedad que mencioné en el Capítulo 1, la que se localiza en Arizona, descubrimos que era necesario incrementar las rentas de los departamentos de tres recámaras. Estaban 45 dólares abajo del precio del mercado y en el edificio había 50 departamentos de tres recámaras. Eso significa que había una pérdida de ingresos por 2 250 dólares mensuales, es decir, ¡27 mil dólares al año! Además, descubrimos que en el submercado de la propiedad se acostumbraba cobrar más por los departamentos de la planta baja. En ésos, el aumento fue de 25 dólares. Multiplicado por 100 departamentos equivale a 2 500 dólares mensuales y ¡30 mil al año en ingresos perdidos! Después de que establecimos estos incrementos, el inmueble de Arizona recolectó rentas adicionales por 57 mil dólares al año.

Podemos averiguar el valor de una propiedad después de gastos de operación, basándonos en su Ingreso Neto de Operación (INO) Net Operating Incame (NOI, por sus siglas en inglés). Para hacerlo utilizamos lo que se denomina tasa de capitalización. Pero no es tan complicado como suena, aquí tienes la fórmula:

Ingreso Neto de Operación ÷ Taza de capitalización =
Valor de la propiedad

Es muy frecuente que un corredor de bienes raíces local te facilite las tasas de capitalización promedio del área. Apliquemos este concepto al ingreso perdido en el caso de la propiedad de 200 departamentos, para mostrar cómo los pequeños errores se pueden sumar y ocasionar pérdidas enormes.

Digamos que la tasa de capitalización promedio en los submercados de Phoenix es de 6 por ciento, y ahora tomemos esa tasa y apliquémosla a los 57 mil dólares de ingresos perdidos por no homologar las rentas con las del mercado.

$57 000 (INO perdido) ÷ 6% (tasa de capitalización) =
$950 000 (valor de la propiedad perdido)

Sólo imagínate: si los propietarios hubieran decidido vender el inmueble en lugar de contratarnos para administrarlo, podrían haber perdido casi un millón de dólares por el "pequeño error" de no mantenerse a la par con las rentas del mercado. Si esto no es suficiente para aterrar a un dueño que administra su propiedad, entonces no sé qué sea necesario para lograrlo.

A mí lo que más me interesa es obtener beneficios de mi propiedad en Oklahoma, es por ello que contraté a un experto en el mercado de departamentos de esa ciudad para que administre mi valiosa inversión. Sería imposible decir que yo puedo manejar la propiedad mejor desde mi oficina en Scottsdale.

Los elementos básicos

En la introducción mencioné que la administración de propiedades es un negocio sucio, y es verdad. Las inversiones en bienes raíces no son negocios limpios como las acciones o los bonos. No se trata solamente de papeles que se mueven de una cuenta a otra, sino que requieren que tú o alguien a quien contrates, se suba las mangas y se ensucie las manos. ¿Qué crees que implica la administración de un inmueble?

A continuación haremos un ejercicio interesante. Antes de que continúes leyendo este libro, consigue papel y pluma. Quiero que hagas una lista de todo lo que crees que implica administrar una propiedad. Llamaremos a esta lista "Los elementos básicos", es decir, todo lo que se necesita para lograr que una propiedad funcione adecuadamente. Escribe una lista tan detallada como te sea posible. Después, incluye el tiempo que crees que te tomaría llevar a cabo todas las tareas de la lista y la frecuencia con la que piensas que se deban realizar.

Ahora te mostraré mi lista. Cuando acabes de leer esta sección, saca tu lista y compárala con la mía. Lo más probable es que haya grandes diferencias entre ambas. Pero tal vez no las haya, y en ese caso, puedes dejar de leer el libro. Gracias por comprarlo pero lo siento, no hay devoluciones. No obstante, la mayoría de los inversionistas tienen una idea equivocada del tiempo, esfuerzo y trabajo que implica administrar una propiedad.

Inquilinos

Por lo que he vivido sé que lidiar con los inquilinos es el mayor temor de cualquier inversionista. Es totalmente comprensible porque trabajar con números es sencillo, pero con gente, no lo es. Lo más probable es que tú seas una buena persona y que como a muchos, no te agraden los enfrentamientos. Tu primer impulso será darle al inquilino una semana más para pagar la renta o tal vez no cobrarles la pintura cuando abandonen el departamento. Esta reacción es producto del temor porque es mucho más sencillo dejar pasar las cosas que afrontar la situación. Pero te tengo noticias: para ser un administrador de propiedades eficiente, tendrás que lidiar con los problemas de frente y con confianza. Algunos inquilinos son como tiburones, pueden oler la sangre en el agua, y si te muestras inseguro, te comerán vivo.

Si eres un administrador, te conviertes en una presencia *non grata* en la vida del inquilino. Piénsalo, en algún momento u otro, todos hemos rentado un departamento. ¿Qué pensabas cuando el administrador tocaba a tu puerta? "Ah, tal vez viene para charlar amenamente un rato. Debería calentar agua para tomar un café". Difícilmente, ¿verdad?

No nos engañemos, los inquilinos saben que entre menos vean al administrador, mejor. La verdad es que los administradores somos los portadores de malas noticias. Siempre que llegamos es para atender una queja o cobrar una renta vencida. No es para platicar, aunque sería agradable tomarse un café con el inquilino de vez en cuando.

Si como la mayoría de las personas no estás dispuesto a ser verdaderamente asertivo, entonces tu propiedad está en peligro. ¿Recuerdas la historia de la casa de mis suegros? Todos sus problemas surgieron porque tenían miedo de una confrontación. Esto es lo que mi suegro opinaba al mirar atrás:

"Pensándolo bien, lo que es muy obvio es que, si sientes que algo anda mal y te comienzan a rebotar cheques, necesitas moverte con rapidez, *pronto*. Tienes que cortar de raíz, y si eso implica un desalojo, pues que así sea."

Es un buen consejo de alguien que aprendió a la mala. Y esto es lo que mi suegra le decía a él: "Creo que para eso se necesita a una persona distinta a la que tú eres."

¡Auch! Cuando decidas si administrarás tu propiedad, tienes que ser honesto contigo mismo. Si no eres el tipo de persona que puede desalojar a una familia, entonces no eres la persona indicada para el trabajo porque, incluso, algunos inquilinos se pueden convertir en tus amigos con el paso del tiempo. ¿Puedes desalojar a alguien con quien compartiste unas cervezas hace dos semanas? Por fortuna, en algún momento mi suegro se avispó y contrató a un profesional.

La mayor y más importante labor de la administración de propiedades es la de interactuar con los inquilinos. Todo lo demás proviene de esta interacción. Algunas de las cosas que tendrás que hacer respecto a los inquilinos, son:

- Encontrarlos
- Cobrarles rentas/ pagos de mantenimiento
- Ser su vocero
- Atender los problemas de mantenimiento
- Hacer que las políticas y los contratos se cumplan

Si tienes un edificio con más de un departamento para rentar, también tendrás que lidiar con problemas entre vecinos. Los vecinos tienen disputas casi inevitablemente. ¿Las arreglarán ellos mismos? A veces sí, pero con frecuencia te las pasarán a ti y rara vez podrás lograr que todos los involucrados queden contentos. Así que ya sabes, siempre habrá alguien que piense que eres un idiota, siempre sucede así.

Tengo una experiencia inolvidable de cuando era más joven y vivía en las propiedades que administraba. El incidente fue entre los vecinos. Un soltero se estaba acostando con la esposa de su vecino mientras éste se iba a trabajar. Sucedió que el soltero tenía una enfermedad venérea que contagió a la mujer. Lo peor es que ella se la transmitió a su esposo.

Probablemente estás pensando: "Ése es problema de ellos". Bien, pues ellos no lo creían así. El esposo me exigió desalojar al soltero; ¿tú qué hubieras hecho? ¿Te puedes imaginar las emociones involucradas en este incidente? Por supuesto yo no podía hacer nada. Nadie había incumplido el contrato y no se puede desalojar a alguien por ser estúpido. Sobra decir que al esposo no le agradó esa respuesta.

Mantenimiento

He sido testigo de terribles atrocidades debido a la falta de mantenimiento. Uno de mis clientes adquirió un edificio en un remate y antes de hacernos cargo de la administración tuvimos que hacer el recorrido inicial para inspeccionar cada departamento. Durante dicha inspección entré a una vivienda en donde habitaba una mujer de 50 años. Había estado ahí por muchos años, así que había torres de periódico del suelo al techo, cada centímetro cuadrado del piso estaba cubierto por comida y basura tiradas por ahí. Como si eso no fuera suficiente, había cucarachas, y no sólo un par. Había tantas cucarachas que parecía que las paredes se estaban moviendo, no exagero. El departamento estaba infestado, había miles de cucarachas y la mujer vivía en medio de toda esta inmundicia y abandono.

Pero eso no fue todo, cuando revisamos su cocina descubrimos que el refrigerador no funcionaba, por lo que no tenía un lugar limpio para almacenar su comida. Eso explicaba parte del olor. Al revisar los gabinetes encontramos un pájaro viviendo ahí. El ave había golpeado con el pico desde el muro externo del edificio y había logrado llegar desde afuera hasta los gabinetes. No sabemos cuánto tiempo llevaba en ese lugar.

Éste es, obviamente, un ejemplo extremo de falta de mantenimiento. Lo importante es darse cuenta de que el problema con un inquilino como el de la mujer, afecta a todos los demás. Las cucarachas no permanecen en un solo lugar, si quieres deshacerte de ellas, tienes que fumigar ése departamento y todos los adyacentes. Para el propietario es un gasto extraordinario.

Es imperativo que en el inmueble haya sistemas sólidos para el mantenimiento. Entre todo lo que implica administrar, el mantenimiento es el aspecto más costoso y el que consume más tiempo. También puede ser la razón por la que los inquilinos dejen tu edificio. Si no están satisfechos con el nivel de servicio que ofreces, se irán a vivir a la siguiente cuadra.

Imagina que vives en un complejo multifamiliar y quieres ofrecer una fiesta pero tienes un pequeño problema: el inodoro de tu departamento no sirve. Una semana antes de la reunión, haces una solicitud para que lo reparen. Después, sigues con tu vida, planeas el menú, limpias la casa, haces las compras y todo lo demás. Aparte de todo lo anterior, también tratas de seguir con tu vida e intercalar un poco de esparcimiento.

Pasa media semana y no han reparado el inodoro, así que llamas al administrador o al propietario. "Ah, disculpe", te dicen. "Hemos tenido mucho trabajo. Pero hoy le enviamos a alguien". Nadie viene.

Al día siguiente llamas de nuevo, comienzas a irritarte. Prometen que lo repararán y les dices que es importante porque tendrás invitados el fin de semana. Te prometen que lo arreglarán antes de la fiesta. Mientras tanto, el inodoro no se puede limpiar y el baño comienza a oler muy mal.

Finalmente, llega la fiesta y nadie ha reparado el inodoro. Estarías muy molesto, ¿verdad? Tomando un escenario como éste, ¿qué tan interesado estarías en renovar tu contrato para el año siguiente? Para la mayoría de los inquilinos basta una mala experiencia para que comiencen a comprarle a la competencia, y lo más probable es que se muden.

En el ejemplo del baño maloliente, en cuanto abandones el departamento, los administradores pagarán caro por no haber implementado sistemas eficientes de mantenimiento. Tendrán que hacer un cambio de inquilino, lo que implica pérdidas en ingresos por renta, además de que tendrán que gastar en publicidad para contactar a un nuevo cliente. Todo lo anterior es mucho más caro que llamar a un plomero o enviar a un técnico de mantenimiento.

Postergar el mantenimiento también puede afectar seriamente el valor de tu propiedad. Recuerda la casa de mis suegros, ése también es un ejemplo de mantenimiento postergado. Ellos nunca debieron llegar a una situación tan álgida cuando el inquilino problema fue desalojado. Jamás debieron permitir que el inquilino "se hiciera cargo" de su inversión.

¿Recuerdas cuánto tuvieron que pagar solamente para que el inmueble pudiera ser habitado otra vez? 55 mil dólares en gastos de reparación. Y esto ni siquiera incluye el valor del tiempo que perdieron. El mantenimiento postergado de su casa devaluó la propiedad a tal punto que, de haber querido venderla, no hubieran podido hacerlo. De hecho lo intentaron. Cuando evaluaron la cantidad de daño y de trabajo que se requeriría para repararlo, mis suegros intentaron vender, a un precio bajísimo, la casa "como está". Dos posibles compradores terminaron huyéndole al negocio porque la cantidad de trabajo que se necesitaba era mucho mayor que cualquier posibilidad de ganancia o ahorro. Mis suegros estaban atrapados y su única opción fue hacer el trabajo ellos mismos.

El mantenimiento postergado también representó un gran problema en el edificio de 200 departamentos del que nos hicimos cargo. La situación fue tan difícil que tuvimos que despedir a todo el personal de mantenimiento.

Revisemos de nuevo la carta que les envié a los propietarios. Los problemas eran los siguientes:

Problema	Costo
40 departamentos tuvieron que ser modificados o preparados para rentarse	$50 000
59 solicitudes atrasadas de servicio	$20 000
Goteras en todo el inmueble	$30 000
Terrazas que requerían reparación	$2 250
Dos motores de ventiladores del sistema de control de clima, tuvieron que ser remplazados	$550
Una barda de la cancha de tenis necesitaba reparación	$2 000
Cuentas por pagar	$110 800
Flujo de efectivo negativo	$100 000
Costo total	$315 600

Si los dueños hubieran decidido vender la propiedad, estos costos no se habrían traducido directamente en un descuento por la misma cantidad sobre el precio de venta. El costo habría sido mucho más alto porque el comprador no habría evaluado solamente los gastos duros, también habría sumado las pérdidas por los departamentos abandonados durante un mes o más. El costo de estos departamentos ascendía a casi un millón de dólares en el valor de, exclusivamente, ¡los departamentos de tres recámaras y los de la planta baja!

El comprador habría tomado en cuenta todo lo anterior y con eso habría adquirido un gran poder para negociar y para obligar al dueño a bajar el precio de venta.

¿Después de escuchar todo esto, no te parece que es absolutamente indispensable tener sistemas de mantenimiento eficaces? Es tu labor tener una buena relación con plomeros, electricistas, especialistas en aire acondicionado y otros técnicos. Si necesitaras un plomero a las nueve de la noche, ¿sabrías exactamente a quién llamar?

También necesitas un sistema para organizar todas las órdenes de trabajo que soliciten tus inquilinos. ¿Los expedientes están inmaculados o son un desastre? ¿Tienes manera de verificar el tiempo que has invertido en cada vivienda? ¿Y el costo?

Otro detalle que debes considerar es que las compañías bien establecidas de administración inmobiliaria tienen relaciones con proveedores de mantenimiento y pueden conseguir mejores cotizaciones que el público en general. Además, tienen la posibilidad de que, en caso de emergencia, los atiendan antes que a otros clientes. Esto se debe a la economía de escala: si ofrecieras servicios de plomería, ¿a quién te interesaría más atender con un buen descuento? ¿A una cuenta que representa mil departamentos o a una persona que tiene una casa que renta?

Cuando hablo con la gente, por lo general describe el mantenimiento como una de las labores de peor gusto. No he conocido a mucha gente que le encante limpiar inodoros. ¿A ti te agrada? Si te encargas de los problemas de mantenimiento de tus inquilinos, tendrás que salir de casa a todas horas, lo que consumirá buena parte de tu tiempo. Te guste o no, cuando se trata de reparar algo en su casa, lo que los inquilinos buscan es que seas puntual y que te acomodes a sus horarios, y no lo contrario. Recuerda que están pagando por este servicio y que el éxito de tus propiedades dependerá grandemente de que comprendas este concepto.

Tip de Padre Rico

En la administración de propiedades, el horario de tus clientes se convierte en el tuyo.

Desocupación, remozamiento y renta

Al igual que el mantenimiento, la desocupación, el remozamiento y rentar otra vez son actividades que roban mucho tiempo y dinero. De hecho, me atrevería a decir que el dinero y el tiempo que se pierden por tener un departamento desocupado, tienen que ser la mayor causa de tensión para el administrador. Si te toma dos semanas preparar una vivienda para que sea habitable, pues ya perdiste dos semanas de ingreso potencial. Resulta esencial que un administrador tenga sistemas en el inmueble para transformar, con eficacia y rapidez, un departamento en un sitio habitable.

Antes que nada tienes que poder evaluar la condición de la vivienda cuando la abandona el inquilino. En mi compañía tenemos un sistema que se basa en llenar un formulario. También tenemos una copia al carbón del formulario que se llena durante la inspección. En mi sitio de internet, KenMc Elroy.com, hay uno que puedes revisar. Cuando llega un nuevo inquilino llenamos uno de esos formularios y hacemos que la persona lo firme. Hacemos lo mismo cuando el inquilino se va. Debo insistir en la importancia de estos documentos.

Si no realizas bien las inspecciones, hay un alto riesgo de que soslayes algún detalle (posiblemente muy costoso). Además, en caso de que entres en alguna disputa con el inquilino por daño a la propiedad, si no cuentas con documentos del caso, no podrás defenderte legalmente. Nosotros tomamos fotografías cuando se ocupa y cuando se desocupa una vivienda. La documentación visual es una herramienta de gran importancia para protegerte. Es difícil que un inquilino argumente que no es responsable de un daño si puedes ofrecer evidencia fotográfica, sin embargo, hay quienes de todas maneras ¡lo niegan!

En cuanto hayas evaluado las condiciones de la vivienda al momento en que el inquilino se va, tendrás que realizar dos labores:

1. Debes determinar qué cantidad del depósito de seguridad que el inquilino dio, devolverás o no.
2. Tienes que programar el trabajo que se realizará en el lugar.

Tal vez la vivienda necesite pintura y lavado de alfombras. ¿Lo harás tú mismo o contratarás ayuda externa? Ambas opciones implican tiempo y dinero. En el siguiente capítulo examinaremos cuánto; por ahora confórmate con saber que no será poco. Además, piensa que durante todo ese tiempo estarás perdiendo dinero porque no recibirás rentas de un departamento vacío.

Lo anterior sucede con mucha frecuencia, especialmente si los inquilinos eran una familia, lo sé por experiencia propia.

Los últimos dos años viví con mi familia en una casa en la ciudad mientras construíamos la casa de nuestros sueños. El plan era rentar la casa en que vivíamos en cuanto nos mudáramos a la nueva.

Tengo dos hijos, uno de nueve y el otro de seis; ambos están llenos de vida. ¡Ésta es una forma bonita de decir que la mayoría del tiempo están fuera de control! Si no eran pelotas de béisbol volando a la mampostería, eran los niños azotándose contra las paredes mientras jugaban a las luchas. Los niños producen en la pared hermosas obras de arte con crayones, pegan pósters con tachuelas y adhieren a ellas sus proyectos escolares con grapas.

Si tienes hijos, y especialmente si son varones, entonces sabes de lo que estoy hablando. Después de algún tiempo, la rudeza de la interacción dentro de casa, llegar de la calle con los zapatos llenos de lodo, los accidentes y la locura familiar imperante, se suman a los daños al inmueble. Cuando nos mudamos, toda la casa necesitaba reparaciones menores. Teníamos que pintar los muros (porque no hay nada como huellas de manitas grasosas para decorar un ambiente). También teníamos que remplazar las alfombras de las habitaciones de los niños y limpiar toda la casa a fondo. Todos estos "arreglos menores" implicaron una buena cantidad de dinero. Al finalizar las labores yo había desembolsado 4 mil dólares.

El costo de transformar una vivienda es totalmente tangible. Siempre puedes ver cuánto gastas y sentir el dolor en la chequera cada vez que emites otro cheque. Otro gasto que a veces pasa desapercibido es el del ingreso que pierdes por tener el sitio desocupado. Tomemos el ejemplo de mi casa en la ciudad. Nos tardamos un mes en realizar todo el trabajo y encontrar un nuevo inquilino nos tomó otro mes. Las rentas en el mercado para ese tipo de casas son de unos 1 500 dólares mensuales, o sea, ¡50 dólares diarios en ingresos perdidos!

A pesar de que contraté trabajadores para llevar a cabo todo el trabajo en mi propiedad, perdí todo ese tiempo. Los dos meses con el inmueble vacío me costaron 3 mil dólares que podrían haberme sorprendido y morderme como serpiente si no hubiera estado preparado. ¿Te puedes imaginar si hubiera tratado de reparar todo yo mismo, y además de eso trabajar y continuar con todas mis otras responsabilidades? Me habría tomado tres o cuatro meses durante los que hubiera perdido 50 dólares diarios.

Obviamente ya tienes claro lo importante que es el proceso de transformar una vivienda vacía lo más rápido posible. Hay un viejo dicho que reza: "Las ventas resuelven todos los problemas." Y sucede lo mismo para rentar una vivienda.

Debes entrar a la vivienda desocupada, documentar las labores por hacer y volver a rentarla lo antes posible.

En ese sentido, los administradores profesionales tienen una gran ventaja sobre los propietarios que administran sus propios inmuebles. Los administradores profesionales cuentan con bases de clientes establecidas y una red de profesionales que les envían clientes potenciales con frecuencia. Tú solo no podrás tener nunca un poder de compra mayor que el que tiene una compañía grande de administración.

Eso no quiere decir que no puedas tener éxito al rentar tu propiedad si la administras tú mismo. Sólo que inevitablemente será más difícil y costoso. Si vas a administrar tu propiedad, entonces debes adoptar algunos hábitos de los profesionales.

Investiga meticulosamente los antecedentes, siempre. Tengo que insistir en esto. Si no utilizas una solicitud estándar para rentar, puedes sacar una de mi sitio Web, KenMcElroy.com. Necesitas una solicitud que incluya los números del seguro social, antecedentes laborales y antecedentes de renta de inmuebles. También vale la pena inscribirse a alguna compañía de investigación para que puedan verificar los antecedentes criminales y crediticios de tus clientes. De esa forma sabrás perfectamente en qué te estás metiendo. No hagas lo que hicieron mis suegros, reunirse con alguien y dejar que el corazón decida. Si lo haces, tu corazón sufrirá después porque tendrás que desembolsar mucho dinero. Lo mejor de usar los servicios de estas compañías es que ¡podrás cobrarle al cliente por la investigación! Es lo que llamamos un "pase". Tú no tienes por qué gastar, sólo ganas y no pierdes.

El primer error que mis suegros cometieron cuando le rentaron la casa a Ross fue no investigar. Les pregunté cómo habían verificado los antecedentes y su respuesta fue: "Pues no verificamos todo, sólo algunas cosas para cerciorarnos de que eran estables." Cuando insistí en que me contaran los detalles, descubrí que solamente habían llamado a algunas de las personas que Ross había señalado como referencias en su solicitud.

Es muy común que los delincuentes con antecedentes de acoso sexual o violadores, y criminales de otros tipos, se presenten como personas sumamente agradables. Sucede así porque tienen que ocultar su pasado y quieren ganarse tu confianza. Este tipo de gente huye de las compañías investigadoras. Si estas personas logran infiltrarse en una comunidad, es muy difícil sacarlos porque saben bien lo que cuesta encontrar otro departamento. Su comportamiento podría hacer que otros inquilinos abandonen tu inmueble. Además, harán caso omiso de tus avisos de desalojo. A veces tendrás que desalojarlos por la fuerza.

Mis suegros fueron demandados por sus vecinos. Decían que la propiedad estaba en tan mal estado que sentían que estaba devaluando los casas. Si dejas que ingresen a tu inmueble inquilinos de mala calidad, estarás afectando el valor del mismo. Además, tendrás que gastar mucho para solucionar situaciones, sin mencionar la pérdida de tiempo y el estrés emocional que puedes experimentar.

Por desgracia, la gente miente. Es una verdad brutal. Es por ello que siempre debes hacer que un profesional investigue cada detalle de la solicitud. Creo que una investigación seria puede hacer que los inquilinos en potencia con antecedentes dudosos, teman. Tomarán una solicitud, saldrán de tu oficina y jamás volverás a verlos. Con sólo comentarles que vas a realizar una investigación, detendrás al 90 por ciento de los solicitantes con antecedentes dudosos.

Leyes: federal, estatal y local

A veces, el detalle más importante y más soslayado de la administración, tiene que ver con las leyes involucradas en una disputa con clientes potenciales y con los que ya habitan la propiedad. Los problemas legales son como una serpiente en la hierba que te morderá antes de que siquiera la veas.

Yo he administrado propiedades durante 20 años, y no puedo asumir que conozco todas las leyes y normas. Trabajo con abogados profesionales que han sido esenciales para mi éxito, y siempre recurro a ellos. Mi compañía, al igual que otras empresas grandes, contratan a abogados especializados en bienes raíces, así que, si surge alguna cuestión legal, siempre están preparados para afrontar los problemas con eficiencia.

Denny Dobbins y Scott Clark son dos abogados a los que empleo con frecuencia en mi negocio. Tengo una relación de años con sus bufetes. Así que cuando me preparaba para escribir esta sección, lo más natural fue que recurriera a su experiencia. Tengo una enorme gratitud para ambos por su ayuda para escribir esta sección. Si acaso tienes un inmueble en Arizona y te ves envuelto en problemas legales, te recomiendo a los dos ampliamente.

Hay muchos inversionistas que no creen necesitar en realidad un abogado. Tampoco se imaginan afrontando problemas legales respecto a su propiedad. No te engañes. Si tienes un inmueble, lo más probable es que enfrentes desafíos de este tipo. Podría ser algo sencillo como desalojar a un inquilino, o tal vez más serio como ser demandado por alguien. En conjunto, Denny y Scott manejan mensualmente entre ¡1 500 y 2 mil situaciones legales que tienen que ver con la administración de inmuebles! Eso significa 24 mil al año, y son solamente dos bufetes. Muy pocas de esas querellas llegan a juicio, pero las que lo hacen, generalmente involucran inmuebles pequeños y dueños que administran sus propiedades. En cuanto un caso llega a juicio, tienes que comenzar a emitir muchos cheques.

Al platicar con Denny y Scott me percaté de que hay grandes diferencias con el tipo de interacción que tienen con las compañías profesionales de administración y la que mantienen con los propietarios que administran sus propios inmuebles. Tanto Denny como Scott consideran que trabajar con compañías es un proceso que fluye mejor porque no tienen que lidiar con las novatadas (creo que no hay un mejor término), que cometen los propietarios/ administradores. Denny Dobbins dice: "Con las compañías grandes, los problemas legales son: listo, apunta, dispara. Pero con los suegros, es listo, dispara, apunta."

Pero permíteme aclarar algo ahora mismo. El hecho de que los propietarios/ administradores representan a la mayoría de los casos legales complicados o inevitables, no significa de ninguna manera, que sean estúpidos o deficientes. En realidad sólo demuestra que las leyes y reglamentos de cualquier ámbito, son complicadas y tienen muchos matices. La persona promedio simplemente no tiene la habilidad para mantenerse al tanto de las modificaciones en las leyes o de interpretarlas adecuadamente. Cuando se trata de la legislación sobre la administración de inmuebles, la ignorancia puede resultar muy costosa.

Como un ejemplo, pregúntate a ti mismo: "¿Conoces el Código Civil? ¿Al menos sabrías dónde encontrarlo?"

Incluso los procedimientos que son más sencillos en apariencia, se convierten en problemas mayores si los manejas inadecuadamente. Por ejemplo, si tienes que desalojar a un inquilino, ¿en tu estado, con cuántos días de anticipación tienes que darle aviso legal? ¿Cómo se tiene que entregar dicha notificación? ¿Cuáles son las razones válidas para desalojar a una persona? Si no conoces la respuesta a estas preguntas, podrías verte involucrado en graves problemas. Un desalojo que no se maneja adecuadamente, te puede costar mucho tiempo y dinero, y al final, podrías incluso seguir con el inquilino viviendo en tu inmueble aunque las razones para desalojarlo fueran válidas. Tanto para Scott como para Denny, la mayoría de los casos que llegan a juicio surgen porque alguien ignoró o malinterpretó las leyes respecto a la renta de inmuebles.

Hay una historia que Scott Clark compartió conmigo y que es un gran ejemplo sobre lo fácil que es malinterpretar la ley de renta de inmuebles. Uno de sus clientes tenía un inquilino que vivía en el segundo piso de un edificio y tocaba la batería a todo volumen y a todas horas de la noche. Naturalmente, los demás inquilinos estaban frustrados y molestos por el ruido y enviaron un gran número de quejas al dueño. Él, a su vez, envió una notificación por escrito pidiendo al inquilino que mantuviera su ruido al mínimo, y que se limitara a tocar a ciertas horas.

El tiempo pasó y el inquilino ignoró el aviso, continuó tocando la batería todo el tiempo. El propietario estaba bajo la presión de los vecinos, así que hizo lo que cualquiera hubiera hecho. Le envió al inquilino una notificación de desalojo. Parece justo y lógico, ¿no?

Cualquiera de nosotros habría deseado sacar a ese individuo del edificio, ¿no es cierto? Bien, pues resulta que el inquilino era un médico. Y su historia empieza cuando una noche regresaba a casa del hospital y fue golpeado brutalmente al pasar por un bar. Casi lo matan. Su rostro quedó desfigurado y perdió la audición casi por completo. La batería era una de las pocas cosas que todavía podía escuchar y era parte de su terapia.

El inquilino se negó al desalojo y llevó el caso a juicio. El jurado falló a su favor, explicando que el propietario no había tratado de resolver adecuadamente la incapacidad de su inquilino. El propietario está obligado, por ley, a hacer todo lo posible por ayudar al inquilino, y el jurado consideró que no lo había hecho. Al final, el hombre se quedó en el departamento. El propietario se vio obligado a adecuarse a la incapacidad del inquilino y a pagar considerables honorarios por servicios legales.

Éste es sólo un ejemplo de que no estar informado puede convertirse en una pesadilla legal para el dueño y la propiedad. Si planeas administrar tu inmueble, resulta imperativo incluir un buen abogado en tu equipo. Él deberá informar a ti y a los otros integrantes sobre la legislación de tu estado y área local.

Además de lo que te acabo de recomendar, hay algunas acciones prácticas que como propietario puedes implementar de inmediato. Con ellas protegerás tu inversión y a ti mismo.

Un contrato sólido

Es primordial tener un contrato bien redactado para protegerse. La mayoría de la gente utiliza contratos demasiado breves. Incluso supe de un hombre que hacía a sus inquilinos firmar el contrato sobre el cofre de su auto. El contrato era un papel que incluía el precio de renta y la fecha de vencimiento.

Recuerda que si algo no aparece en el contrato, no existe. Por ejemplo, si no tienes una cláusula que indique que el inquilino no puede tener mascotas, no puedes pedirle que se deshaga de su perro. El contrato debe especificarlo desde *antes* de que el inquilino se mude al inmueble.

Para rentar sus propiedades, Denny Dobbins utiliza un contrato de 22 páginas. Lo ha ido perfeccionando a lo largo de los años; en mi compañía tenemos uno similar. A mucha gente le causa temor tener un contrato tan extenso porque creen que eso podría intimidar al inquilino. Pero te diré un secreto: no importa si son dos o 20 páginas, de cualquier forma el inquilino no lo leerá. El propósito del contrato es explicar con claridad las consecuencias de cada acción, y lo que se espera del inquilino y de ti.

Tanto Scott como Denny están de acuerdo en que el problema en la mayoría de los casos que se pierde en juicio, es que el contrato no especificaba si el asunto en pugna se permitía o no. Ahora, en un contrato no puedes cubrir todos los escenarios posibles, pero puedes intentarlo. Cuando surge una disputa, nada te dará más poder que pedirle a un inquilino que lea su contrato (el cual deberá tener fecha y estar firmado por ti y por él). Te sentirás agradecido de haber sido tan previsor.

Si no tienes un contrato sólido, estás destinado a tener problemas. Yo te exhorto a que busques un abogado local y trabajes con él o ella en la redacción de un documento aceptable. Es indispensable que entiendas que las leyes varían en cada estado y localidad, así que necesitas un abogado que se especialice y trabaje con legislación sobre bienes raíces en tu área. Él es el experto en las leyes locales y puede asegurarse de proveer lo que se necesita para el inmueble según el lugar en que está situado.

Documenta todo

La clave para interactuar con los inquilinos es la comunicación clara y precisa. En mis propiedades contamos con un registro de la comunicación que tenemos con los inquilinos. Sin importar su naturaleza, siempre escribimos los detalles de cada conversación que tenemos con ellos y les pedimos que revisen y firmen el reporte. Este registro te puede ahorrar muchas penas en el futuro.

Ahora te daré un ejemplo de lo efectivos que pueden ser estos registros de comunicación. Una de mis propiedades tiene espacios de estacionamiento que se rentan por 100 dólares mensuales. Nuestra política dicta que puedes añadir un espacio de estacionamiento a tu contrato incluso después de haberte mudado al edificio, pero no podrás sacarlo del contrato sino hasta que éste expire. Hace poco, un inquilino que había incluido el estacionamiento en su contrato, quiso cancelarlo porque ya no lo usaría. Al principio armó un gran alboroto y le gritó al administrador, pero éste con gran calma sacó el expediente del inquilino y le mostró el registro de comunicación, firmado por él, en el que se aclaraba que se le había informado debidamente que sólo podría cancelar el estacionamiento cuando el contrato venciera. Los documentos son lo que puede salvarte y calmar una situación potencialmente explosiva en más de una ocasión.

Además del registro de comunicaciones, debes tener a la mano cierta cantidad de notificaciones legales específicas del estado. Estos papeles deben incluir notificaciones de desalojo, y de incumplimiento del contrato y las políticas. Las leyes para la impresión de estas notificaciones son diferentes en cada estado, así que tendrás que solicitar a tu abogado los formularios correctos. Si le entregas a un inquilino una notificación de desalojo que no es la apropiada, todo el proceso podría venirse abajo y costarte más tiempo y dinero.

No intentes redactar tus propios avisos. Un colega mío cuenta una historia muy graciosa sobre un administrador que lo hizo. Él había establecido un servicio mensual de exterminio de plagas, al que en la industria se le conoce como una "bomba de bichos". Ya te imaginas lo que sucedió después ¿verdad? Como sabía que tenía que informarlo a los inquilinos, escribió y pegó un aviso en cada puerta que decía "NOTIFICACIÓN DE BOMBA". Sobra decir que los teléfonos de la oficina de arrendamiento estuvieron sonando todo el día.

Aprende cuándo doblar las manos

Una de las lecciones más duras que tiene que aprender un administrador es saber cuándo tragarse su orgullo y dejar que el inquilino gane la batalla. Si el inquilino está dispuesto a ir a juicio para pelear 200 dólares, a ti te va a costar 1 500 en honorarios legales. Ocasionalmente, arreglar las diferencias antes de llegar a juicio, te puede ahorrar mucho dinero, incluso si sabes que estás en lo correcto y que puedes ganar.

Debes estar muy consciente de lo anterior, en especial si le rentas a inquilinos con bajos ingresos o subsidiados por el gobierno. Los inquilinos con bajos ingresos califican para recibir ayuda legal del estado, así que no tienen ningún incentivo para evitar un juicio. Ellos no tienen nada que perder, pero tú sí. Incluso si ganas en este tipo de casos, a veces pierdes. De cualquier forma, la mayor parte del tiempo el inquilino no tendrá cómo pagarte a pesar de que el veredicto sea en su contra, y además tú tendrás que cubrir altas sumas por honorarios legales.

COMPAÑÍAS DE RIESGO LIMITADO

No hay mucho que pensar, Robert Kiyosaki, el equipo de Padre Rico y yo, siempre tocamos este tema por su importancia. Mantén todas tus propiedades separadas y como Compañías de Riesgo Limitado (Limited Liability Companies LLC, por sus siglas en inglés). Una LLC es una entidad legal que protege tus bienes personales si llegara a surgir un problema con tu inmueble.

La ventaja de una LLC es que se puede establecer y mantener con menos recursos que otro tipo de entidades legales. Pero cuando se trata de bienes raíces, ofrece el mismo tipo de protección que te daría una corporación. Los procedimientos para establecer una LLC son diferentes en cado estado, y aunque tú mismo podrías establecer una, te exhorto a contactar a tu abogado local y trabajar con él. Así estarás seguro de que tu LLC está bien establecida y que tienes toda la protección que te ofrece la ley. Otra opción es leer las *Ventajas de los bienes raíces* (*Real Estate Advantages*), de Garrett Sutton (www.sutlaw. com). Él es un colega, asesor de Padre Rico, y un excelente abogado. Ofrece asesoría profesional sobre los aspectos legales en la inversión en bienes raíces.

FORMATOS

Tal como lo discutí anteriormente, siempre debes documentar todos los aspectos de tu interacción con los inquilinos. Si se trata de tu palabra contra la del inquilino, te aseguro que nunca querrás decir: "Pero yo le dije..." Los inquilinos tienen una habilidad increíble para escuchar y recordar solamente lo que les conviene. ¿Cómo podrías recordar cada detalle de las conversaciones que has tenido con tus inquilinos? No hay nada peor que la sensación de saber que el residente te "transó" porque no documentaste una conversación o porque no entregaste una notificación impresa.

Tip de Padre Rico

Una de las cosas que te dará más autoridad como administrador es poder decir: "Lea su contrato."

Hay muchos formatos que debes tener a la mano todo el tiempo:

- Contratos
- Extensiones al contrato (por ejemplo, mascotas y estacionamiento)
- Formatos de entrada y salida de inquilinos
- Políticas y procedimientos de la comunidad
- Registro de conversaciones con los inquilinos
- Todo tipo de notificaciones legales (como lo mencioné anteriormente, debes solicitarlas a tu abogado)
- Registro de tráfico de inquilinos potenciales

Al final de este libro o en mi sitio de internet, KenMcElroy.com, podrás encontrar varias muestras de estos formularios. Además, si te inscribes a las asociaciones locales de multiviviendas o a la Asociación Nacional de Departamentos, podrás obtener formatos estándar. Estos formatos son solamente guías, ya que cada comunidad tiene necesidades diferentes. Asegúrate de adaptar los formularios para que se cubran dichas necesidades.

Tip de Padre Rico

Siempre documenta todo lo referente a la comunicación
con los inquilinos.

Capítulo 3

Administración del flujo de efectivo

En *El ABC de la inversión en bienes raíces*, hablé sobre cómo se debe construir un plan sólido de administración. Un plan sólido de administración es algo tan sencillo como: reducción de gastos e incremento de ingresos. Eso es todo, realmente no es física nuclear. Si tú eres inversionista y propietario de bienes raíces, debes tener exclusivamente un objetivo: que tu propiedad produzca efectivo. La valoración que se hace de la propiedad en el mercado, es algo sobre lo que no tienes un verdadero control. Si realizaste una buena compra, el único poder que tendrás sobre tu propiedad es el de administrarla correctamente para que genere efectivo.

¿Cómo puedes saber si estás reduciendo gastos y aumentando ingresos? Pues tienes que leer el reporte de ingresos y egresos. Si no estás acostumbrado a leer los estados financieros de tu propiedad, será mejor que aprendas pronto. Los estados financieros cuentan la historia de tu propiedad mucho mejor de lo que podría hacerlo Ernest Hemingway.

El juego de mesa *Cashflow* de Padre Rico, es una manera excelente de aprender a leer un reporte de ingresos y egresos. A mí me gusta ese juego por varias razones. La primera es que describe escenarios reales, la segunda es que ofrece los fundamentos para entender un reporte de ingresos y egresos, y la tercera es que aprendes mientras juegas. Yo lo juego con mis hijos de seis y nueve años con mucha frecuencia. Si ellos pueden aprender a leer un estado financiero, tú también puedes. *Cashflow* es una herramienta increíble cuyo objetivo es hacerte pensar como una persona de negocios, y además es un juego divertido.

La boleta de calificaciones de tu propiedad

Tienes que pensar que el estado financiero de tu propiedad es como una boleta de calificaciones. ¿Recuerdas cuando estabas en la primaria? ¿Recuerdas lo que sentías cuando llegaba el momento de llevarla a casa? ¡Diablos, yo sí que lo tengo presente! Si te pareces en algo a mí, seguramente ése era un momento de temor y pánico. Todavía puedo recordar a la maestra pasando los sobres de papel manila sellados y cómo deseaba poder ocultarlo a mis padres.

¿Por qué me sentía así? Porque sabía que me tendrían en sus manos. Yo no era muy aplicado y mis calificaciones reflejaban la falta de esfuerzo. Ocasionalmente, y a pesar de mí mismo, sacaba buenas calificaciones, lo cual me sorprendía tanto como a mis padres. Entonces tenía la sensación de que me había salvado por muy poco y que en algún momento tendría que pagar por ello.

Estoy seguro de que había chicos que sentían todo lo contrario, y aunque suene nauseabundo, seguramente había algunos que de verdad se emocionaban al recibir la boleta. Eran aquellos que iban dando saltitos hasta su casa mientras pulían sus aureolas. Eran los que estaban seguros de que su esfuerzo sería recompensado.

Por supuesto, la boleta de primaria no es de ninguna manera una forma de medir qué tan exitoso serás en los negocios. Pero la boleta de tu propiedad, sí lo es. ¡Te puedo asegurar que en el banco nunca te han pedido la boleta de primaria! Cuando hablamos del estado financiero, que es como la boleta de tu propiedad, te aseguro que quisieras ser como aquellos chicos que corrían emocionados a casa para mostrar a sus padres la boleta. Si estás ansioso cada mes por leer tu estado financiero, entonces te aseguro que eres un exitoso administrador de propiedades y sabes que tu trabajo se reflejará en la calificación final.

Calificaciones aprobatorias

Uno de los conceptos más importantes que te ofrece este libro, es el siguiente:

Ingresos — Gastos — Deuda = Flujo de efectivo

Es un concepto muy simple, ¿verdad? El objetivo principal del administrador de propiedades es maximizar los ingresos y minimizar los egresos.

Los ingresos y egresos sí están, en buena medida, bajo tu control. En mi libro, *El ABC de la inversión en bienes raíces*, escribí sobre la importancia de establecer un presupuesto para la propiedad. Si el estado financiero es como la boleta de calificaciones, entonces el presupuesto es el equivalente a tu libro de texto. Es importante que sepas que el presupuesto lo debes establecer basándote en el desempeño previo de la propiedad y en las tendencias que proyecta el mercado. Finalmente, el presupuesto se usa como una forma para evaluar el éxito.

El diseño de un presupuesto no es tan difícil como parece. De hecho, es un proceso bastante sencillo que te hará sentir más cómodo en el momento que tomes decisiones financieras respecto a tu propiedad. El presupuesto es el primer paso para obtener buenas calificaciones.

La forma más sencilla de diseñar el presupuesto es analizar la historia de la información financiera de tu propiedad. Lo mejor es usar un programa como Excel o cualquier otro que te permita vaciar la información para que te sea útil. No necesitas un programa muy sofisticado para hacerlo, lo que requieres es comprender a profundidad los conceptos financieros. Estos costosos paquetes para computadora son uno de los privilegios extra que obtienes al contratar una compañía profesional de administración. Pero si solamente tienes una propiedad, no vale la pena invertir en ellos. Finalmente, el objetivo solamente es comprender y no perder la pista de la actividad financiera de la propiedad. De esta forma podrás seguir las tendencias, yo lo hago con todas mis propiedades. Me gusta capturar toda la información sobre ingresos, gastos y deudas, después, uso las fórmulas para conocer el cambio porcentual de un año al siguiente, así como se muestra en la página siguiente.

¡Qué gran herramienta! En cuanto comiences a leer los estados financieros, verás que un diagrama como éste, te puede contar muchas historias sobre tu propiedad. Posiblemente también te pueda contar algo sobre el mercado en el que está la propiedad. Ahora veamos un ilustrativo ejemplo de ese diagrama.

	Año en curso		Año anterior
	Cantidad	% de cambio del año anterior	Cantidad
INGRESOS			
Potencial bruto de ingresos por renta	$1 754 800	4.52%	$1 678 938
Ganancia/ Pérdida por el arrendamiento anterior	($80 607)	−54.39%	$(176 729)
Promociones	($34 706)	63.32%	$(21 250)
Otras pérdidas	($46 033)	−11.02%	$(51 731)
Desocupación	$(158 758)	20.40%	$(131 863)
Ingresos efectivos por renta	$1 416 231	9.16%	$1 297 364
Otros ingresos	$109 869	64.10%	$66 953
INGRESOS TOTALES	$1 544 566	13.21%	$1 364 317
GASTOS ANUALES DE OPERACIÓN			
Administración profesional	$46 337	2.91%	$47 727
Nomina de servicios de administración en el inmueble	$169 708	−8.62%	$156 244
Administrativos	$39 704	3.79%	$38 254
Publicidad	$23 968	−6.63%	$22 478
Impuestos y seguros	$161 419	−11.34%	$144 976
Servicios	$64 223	−13.17%	$56 751
Reparaciones y mantenimiento	$72 769	−19.57%	$60 860
GASTOS TOTALES DE OPERACIÓN	$578 128	−9.64%	$527 289
Ingreso neto de operación	966 438	15.46%	$837 028
Gastos capitales	$44 694	−162.89%	$17 001
Ingreso antes de deuda	$921 744	−12.40%	$820 027
Deuda por servicios	$684 258	0.00%	$684 258
Flujo de efectivo	$237 486	74.92%	$135 769

Observa el renglón de "Otros ingresos". Los otros ingresos son la cereza del pastel. Son todos esos cobros que debes realizar por solicitudes, trabajo administrativo, cuotas por mascotas, etcétera. Si todavía no estás cobrando por estos servicios, estás desperdiciando el enorme potencial que existe para mantener saludable tu inversión. En el año anterior, se habían reunido 66 953 dólares por otros ingresos, lo cual no es nada desdeñable. Pero si a eso le aplicas la tasa de capitalización de 6 por ciento, entonces se convierte en cerca de un millón de dólares que se añaden al valor de la propiedad. No obstante, en el año en curso, en la propiedad se cobra la asombrosa cantidad de ¡109 869 por otros gastos! Esto significa una diferencia de 64 por ciento hacia la variable positiva, y cerca de 1.7 millones en valor añadido a la propiedad. ¿Cómo se explica la diferencia?

Cuando mi compañía adquirió esta propiedad realizamos una evaluación meticulosa de su situación financiera y descubrimos que no se había implementado el Sistema de cobro de servicios para inquilinos (RUBS, por sus siglas en inglés, *Resident Utility Billing System*). La gente como yo sabe que cualquier término para el que se necesite un acrónimo, tiene que ser complicado. Afortunadamente, el *concepto* es muy sencillo y tú no tienes que hacer el trabajo preliminar.

El RUBS es un concepto muy simple en esencia. Por tradición, hay una parte de los gastos totales por agua, drenaje, electricidad y gas que se le cargan al casero. Con el RUBS, dichos cargos se suman al pago mensual de cada inquilino. Es un sistema relativamente nuevo en la administración de propiedades, así que no fue una sorpresa que el administrador anterior no lo conociera. Sin embargo, su falta de actualización le estaba costando 40 mil dólares al año en ingreso. Ignorar o no conocer algo, realmente te puede dañar.

Veamos ahora cada una de las categorías de la lista en el diagrama anterior, y analicemos cómo se puede lograr que

ADMINISTRACIÓN DEL FLUJO DE EFECTIVO

esas cifras nos ayuden a construir el presupuesto para el año que viene.

Ingreso

	Año en curso		Año anterior
	Cantidad	% de cambio del año anterior	Cantidad
INGRESOS			
Potencial bruto de ingreso por renta	$1 754 800	4.52%	$1 678 938
Ganancia/ Pérdida por el arrendamiento anterior	($80 607)	−54.39%	$(176 729)
Promociones	($34 706)	63.32%	$(21 250)
Otras pérdidas	($46 033)	−11.02%	$(51 731)
Desocupación	$(158 758)	20.40%	$(131 863)
Ingresos efectivos por renta	$1 416 231	9.16%	$1 297 364
Otros ingresos	$109 869	64.10%	$66 953
INGRESOS TOTALES	$1 544 566	13.21%	$1 364 317

La sección de ingresos de tu presupuesto no incluye solamente el dinero que entra, también refleja los ingresos no obtenidos o las pérdidas.

INGRESO BRUTO POTENCIAL POR RENTAS

Año en curso	Cambio	Año anterior
$1 754 800	4.52%	$1 678 938

El ingreso bruto potencial por rentas es simplemente la cantidad máxima de renta que se podría cobrar en tu propiedad en teoría. En un mundo ideal, a cada inquilino le cobrarías la cantidad máxima de renta que permite el mercado, y cobrarías el 100 por ciento de dicha renta el primer día de cada mes.

Tip de Padre Rico

Un administrador de propiedades inteligente,
incrementará inmediatamente las rentas.

Es importante mantenerse al tanto del ingreso bruto potencial
por rentas porque es una excelente forma de evaluar si debes
aumentar las rentas en tu propiedad, especialmente cuando sumas este dato a la evaluación de la pérdida en el arrendamiento,
término que exploraremos más adelante. Pero por lo pronto, en-
foquémonos en el ingreso bruto potencial por rentas y utilicemos
el ejemplo para ver cómo nos puede ayudar la información en el
diseño de la nueva cifra para esta categoría del presupuesto.

Lo primero que haremos será mirar la cifra del año anterior y compararla con la del año en curso. Este diagrama es útil
porque nos informa que las rentas subieron 4.5 por ciento respecto al año anterior. Es una tasa muy buena de crecimiento de
rentas, lo que indica que en el nuevo presupuesto debemos pla-
near para un crecimiento porcentual de 4-5 puntos en rentas,
¿verdad? Pues no necesariamente.

Tip de Padre Rico

Nunca asumas que las cifras reales del año pasado se
mantendrán iguales en el mercado actual.

El hecho de que el año anterior tuvimos un crecimiento porcentual
en rentas de 4.5, no significa que sea igual en el año en curso. Entonces, ¿qué hacemos ahora? Primero debemos enfocarnos en un
estudio de mercado para asegurarnos de que las rentas se encuentran en el mismo nivel. Es un proceso sencillo que se debe realizar
mensualmente. Para realizar el estudio tienes que llamar a las propiedades contra las que compites y preguntar lo siguiente:

- Cuál es la renta en el mercado que cobran actualmente por cada plan, dependiendo del piso. Tienes que investigar el número de metros cuadrados de cada piso, así como los precios más altos y los más bajos.
- Cualquier promoción que se ofrezca en la propiedad. Las promociones o concesiones son aquellos incentivos que ofrece el dueño de una propiedad para atraer inquilinos, por ejemplo, un mes de renta gratis.
- Cualquier cobro que hagan por depósitos. Investiga cuánto cobran. Por ejemplo, ¿cobran por recibir solicitudes? ¿Tal vez una renta por mascotas?

En cuanto contemos con esta información estaremos bien encaminados para establecer una cifra realista en el nuevo presupuesto.

¿Recuerdas que mencioné la importancia de contar con un equipo para tener éxito en el negocio de bienes raíces? Bien, aquí está la prueba de ello. Tienes dos opciones: pasar horas en internet buscando información del mercado o hacer lo que yo hago, llamar a tu corredor o a otro administrador inmobiliario. Ellos cuentan con todo tipo de información y reportes sobre el mercado, y con esta información puedes establecer en tu nuevo presupuesto una cifra para el ingreso bruto potencial por rentas.

Como ejemplo, vamos a decir que la mayoría de la información que recibimos del corredor o de otro administrador, indica que, de acuerdo con los expertos, el próximo año las rentas se incrementarán en el mercado 4 por ciento. Lo anterior, más el hecho de que nuestro estudio de mercado arrojó que en las propiedades de la competencia se cobran rentas equiparables a las nuestras, y a veces más, nos da la confianza para calcular 4 por ciento en las proyecciones del nuevo presupuesto. Tradicionalmente, las rentas del mercado las rigen la oferta y la demanda de departamentos y, por supuesto, los datos de población y empleo. Todo esto se debe tomar en consideración.

PÉRDIDA EN EL ARRENDAMIENTO

Año en curso	Cambio	Año anterior
$(80 607)	−54.39%	$(176 729)

Mucha gente cree que la pérdida en el arrendamiento es un concepto complicado, pero en realidad, también es muy sencillo. La pérdida en el arrendamiento es la diferencia entre el ingreso bruto potencial por rentas y el ingreso potencial por rentas real:

Pérdida en el arrendamiento = Ingreso bruto potencial por rentas −
Ingreso potencial por rentas real

El ingreso potencial por rentas real es exactamente lo que el término describe, es la cantidad total que podría ser recolectada si pudieras cobrar cada centavo considerado en los arrendamientos reales.

Mucha gente se confunde en esta parte, se preguntan por qué tendría que haber una diferencia entre el ingreso bruto potencial por rentas y el ingreso potencial por rentas real. Es una buena pregunta y la respuesta es la siguiente. Si tú incrementaras las rentas, no podrías aplicar el aumento a las personas que actualmente se encuentran bajo un contrato. Tendrías que esperar hasta que el mismo venciera. Siempre hay algún lastre. Por ejemplo, digamos que realizamos un incremento de 15 dólares mensuales a las rentas de los departamentos de una sola recámara porque el estudio que hicimos nos indicó que un buen número de las propiedades en el mercado cobraban 15 dólares más. Este ingreso se refleja en el presupuesto como el ingreso bruto potencial por rentas, pero si la mayoría de nuestros departamentos de una recámara están arrendados, no podremos hacer ese cargo sino hasta que rentemos a nuevos inquilinos o se renueven los contratos, varios meses más adelante.

Vamos a imaginar que incrementamos las rentas a 700 dólares, pero Joe Buenaonda está rentando el departamento 101 a 685 dólares mensuales, y todavía le quedan 10 meses a su contrato. Dicho departamento se reflejará como 700 dólares en el rubro de ingreso bruto potencial por rentas, pero durante diez meses, se reflejará como 685 dólares en el rubro de ingreso potencial por rentas real. La diferencia de 15 dólares por departamento, al mes, es la "pérdida en el arrendamiento".

Elaborar un presupuesto para la pérdida en el arrendamiento es difícil pero no imposible. Primeramente deberás sacar el registro de rentas e incluir todos los vencimientos de contratos del año, hacia delante. De paso, esta labor también te ayudará a tener presentes las fechas de vencimiento. Lo mejor es que tengas una cantidad balanceada de vencimientos en un período de 12 meses. Por ejemplo, si tienes un edificio de 12 departamentos, idealmente sólo debería vencer un contrato al mes. De esa forma tendrás más estabilidad a lo largo del año.

Debido a que tus gastos mensuales son constantes, podrías tener un gran ingreso anual y aún así encontrarte en aprietos durante algún mes debido a la desocupación. Necesitas recibir ingresos suficientes cada mes para cubrir los gastos. Cuando hayas sacado el registro de rentas, lo puedes usar para examinar cada contrato y calcular en el presupuesto cuándo podrás incrementar las rentas de cada departamento para equipararlas con las del mercado. Aquí se presenta la muestra del registro de rentas de un edificio de 12 departamentos:

Dep.#	Tipo	Tamaño m2	Ingreso potencial	Ingreso real	Inquilino	Vencimiento contrato
1	1 recámara	230	$700	$685	Haddon	Mayo
2	1 recámara	230	$700	$650	McElroy	Junio
3	1 recámara	230	$700	$650	McCallister	Enero
4	1 recámara	230	$700	$675	Brice	Mayo
5	1 recámara	230	$700	$700	Johnson	Septiembre
6	2 recámaras	275	$900	$825	Kiyosaki	Junio
7	2 recámaras	275	$900	$900	Hopkins	Febrero
8	2 recámaras	275	$900	$900	Stullick	Junio
9	2 recámaras	275	$900	$900	Beckel	Abril
10	2 recámaras	275	$900	$900	Struve	Junio
11	3 recámaras	320	$1 000	$1 000	Thorn	Julio
12	3 recámaras	320	$1 000	$975	Sobotka	Mayo
Total			$10 000	$9 500		

Aplicando cifras sencillas, digamos que tu ingreso bruto potencial por rentas es de 10 mil dólares mensuales, y que el ingreso potencial por rentas real es de 9 500 dólares. Si usamos el ejemplo anterior, en el presupuesto aparecen tres departamentos con renta que está por abajo del precio en el mercado y cuyos contratos expiran en mayo. Además, hay otros cuatro que vencen en junio. En el registro de rentas que se enlista, tienes pérdidas por arrendamiento por 500 dólares mensuales o 6 mil dólares anuales. Esto quiere decir que en tu propio registro tienes 6 mil dólares en crecimiento por rentas. Sin embargo, también corres un *riesgo* importante porque en dos meses consecutivos, mayo y junio, vencerán los contratos de siete departamentos, que representan más del 50 por ciento del inmueble. A pesar de esta situación debo advertirte que, si tienes inquilinos que están pagando rentas más bajas que las del mercado, y ellos están considerando renovar sus contratos, no debes ser muy agresivo en el incremento de la renta. Esto podría ocasionar que se desocuparan varios departamentos.

Matriz de vencimiento de contratos

Ene.	Feb.	Mar.	Abr.	May.	Jun.	Jul.	Ago.	Sep.	Oct.	Nov.	Dic.
1	1	0	1	3	4	1	0	1	0	0	0

PROMOCIONES

Año en curso	Cambio	Año anterior
$(34 706)	63.32%	$(21 250)

Los banderines o los letreros que anuncian "Un mes gratis", son promociones del mercado inmobiliario. Es muy importante que te mantengas por encima de las promociones de tu ámbito, y la mejor forma de hacerlo es a través del estudio de mercado. Si no le tomas el pulso al mercado y te enteras del tipo de promociones que se ofrecen, vas a perder mucho dinero. ¿Por qué alguien rentaría uno de tus departamentos por 900 dólares al mes, si puede rentar otro, a la vuelta de la esquina, por 900 dólares, más la promoción de un mes gratis? Para esa persona significaría un ahorro de 75 dólares mensuales si el contrato fuera por un año. Para ti significaría una pérdida de 900 dólares. ¿No preferirías que fuera al revés?

No es ninguna ciencia elaborar un presupuesto considerando las promociones. De hecho, se trata simplemente de una proyección. En general, es imposible adivinar las tendencias del mercado en lo que a promociones se refiere. La oferta y demanda de espacios habitables, la población y el empleo son factores que afectan las fluctuaciones del mercado. Tu objetivo es elaborar un presupuesto realista porque es mejor anticiparse a una expectativa que excederse en el presupuesto porque no se elaboró con base en la realidad. Si el estudio indica que en tu mercado no se exigen los depósitos de seguridad y además se regala un mes gratis cuando se contrata por doce meses, pues considéralo en tu presupuesto. Siempre es mejor protegerse que arrepentirse.

Veamos los datos reales del año anterior para darnos una idea de la cantidad, en dólares, que debemos aplicar en el presupuesto en el rubro de promociones.

Primeramente notarás que del año anterior al año en curso se registra un incremento considerable de 63 por ciento en las promociones. Es de gran importancia que realicemos el estudio de mercado, de esa forma nos aseguraremos que no somos los únicos regalando dinero. Si nuestras promociones son superiores a las del mercado, entonces tenemos que cancelarlas inmediatamente. Si ya establecimos rentas que están al precio del mercado, no hay razón alguna para atraer inquilinos ofreciendo promociones.

Pero, digamos que estamos en sincronía con el mercado en lo que se refiere a promociones. Observa que, a pesar de que en el año en curso incrementamos la cantidad de dinero que perdemos por promociones, de 21 250 a 34 706 dólares, también aplicamos un incremento sobre las rentas de mercado. De esta forma, la ganancia por rentas es mucho mayor que las promociones que ofrecimos. Además, las cifras de la pérdida en el arrendamiento fueron mucho menores el año en curso que el año pasado. Por lo tanto, podemos asumir con tranquilidad que no estábamos tratando de empujar las rentas de manera artificial en el rubro de ingreso bruto potencial por rentas. Es cierto lo que dice el antiguo dicho, a veces se necesita dinero para producir dinero. En este caso, parece ser muy cierto.

Nuevamente debemos consultar la información del mercado que recibimos del corredor de bienes raíces para elaborar el nuevo presupuesto. Al hacerlo, veremos que hay una tendencia a la alza en los precios de viviendas y en las tasas de interés. Se espera que la tendencia continúe y por lo tanto mucha gente no podrá adquirir una casa y se verá obligada a rentar. También sabemos que se espera un aumento de 4 por ciento en las rentas. Así podemos asumir que, debido a los altos precios en la vivienda, habrá mucha gente esperando para arrendar. También podemos asumir que como subirán las rentas, las promociones tendrán que bajar. Las promociones reales para el año en curso fueron de 1.9 por ciento del ingreso bruto potencial por rentas. Vamos a ser más conservadores y a reducirlo a 1.5 por ciento, o 27 375 dólares.

OTRAS PÉRDIDAS

Año en curso	Cambio	Año anterior
$(46 033)	−11.02%	$(51 731)

Hay varias cosas que podemos incluir en la categoría de otras pérdidas. Generalmente se trata de dinero que deberías haber recibido pero que el inquilino no te pagó. Por ejemplo, si un inquilino se va y te debe renta o dañó el departamento por un costo mayor al que se cubre con el depósito para daños, tal vez lo contactes para cobrarle la reparación. Por desgracia, en muchas ocasiones es difícil encontrar al inquilino o simplemente no quiere pagar. Aquí también es necesario señalar la importancia de que tengas los datos de su nuevo domicilio para poder encontrarlo cuando se vaya.

Cualquier cantidad que te deban y no te paguen, se considera como deuda mala. En muchas ocasiones podrás solicitar los servicios de una agencia de cobros para que obtenga el dinero por ti. Algunas veces lograrán su objetivo y otras no. El dinero que no se cobra se considera como una deuda cancelada (porque podrás cancelar esta operación como una pérdida de negocio).

Las deudas malas varían de un inmueble a otro dependiendo de la administración, la localización, el mercado y los datos demográficos. La mejor manera de considerar la deuda mala en la elaboración de un presupuesto radica en revisar la historia de la propiedad y calcularla con base en la tendencia promedio. En el ejemplo puedes ver que la deuda mala sufrió un decremento importante del año anterior al año en curso. Esto pudo suceder por dos razones. Tal vez sólo fue un buen año para la propiedad. La otra razón podría ser que los administradores fueron más cuidadosos en la investigación de antecedentes y lograron atraer inquilinos de mayor calidad. Todo esto estaría suficientemente documentado. Siempre es mejor tener más de dos años de información para poder comparar en este rubro. Pero digamos simplemente que el perfil de inquilinos esté mejorando, y presupuestemos 47 mil dólares para otras pérdidas.

Si adquieres una propiedad con un historial de administración difícil, entonces ten por seguro de que, mientras te ajustas al comportamiento de tus inquilinos, habrá un período de "resaca" o de pérdidas mayores.

DESOCUPACIÓN

Año en curso	Cambio	Año anterior
$(158 758)	20.40%	$(131 863)

Es necesario que estés al pendiente de los dos tipos de desocupación. El primero es la desocupación física y el segundo es la desocupación económica. Es muy fácil calcular ambos tipos. La desocupación física es la cantidad de dinero que se pierde por tener un departamento vacío, dividida entre el ingreso bruto potencial por rentas, después de la pérdida en el arrendamiento.

Desocupación física = Pérdidas por desocupación ÷
Ingreso bruto potencial por rentas

En el ejemplo anterior, la desocupación física para el final del año en curso fue de 9.05 por ciento. Esta cifra la calculamos dividiendo las pérdidas por desocupación, es decir, 158 758 dólares, entre el ingreso potencial bruto de 1 754 800 dólares.

Para fines del presupuesto, nos enfocaremos exclusivamente en la desocupación física. Más adelante en esta sección, te mostraré la importancia de permanecer también al tanto de la desocupación económica. Si observas la comparación financiera anterior, año por año, notarás que hubo un salto del año anterior al año en curso, de 20.40 por ciento en la desocupación económica. Esto al principio podría provocarte un ataque, pero nunca debes poner atención a ese porcentaje, y la razón es la siguiente. Incrementamos el ingreso bruto potencial por rentas para que la desocupación fuera más alta en términos monetarios, aun cuando la desocupación física permanezca constante.

Cuando estés comparando estados financieros de varios años, siempre compara el porcentaje físico. En el caso de nuestro ejemplo, teníamos un nivel de desocupación de 7.9 por ciento en el año anterior, y 9.04 por ciento en el año en curso. Esta cifra la calculamos, nuevamente, tomando las pérdidas por desocupación y las dividimos entre el ingreso bruto potencial por rentas, neto. Para el año en curso experimentamos un incremento de casi 1.2 en la desocupación en relación con el año anterior. Afortunadamente habíamos subido las rentas 4.5 por ciento. El incremento en las rentas compensa sobradamente las pérdidas por desocupación. Además, gracias a nuestra información sobre el mercado, también tenemos la confianza de que la desocupación y las promociones disminuirán el próximo año. Lo anterior significa más dinero en nuestro bolsillo y mayor valor para la propiedad. Pensando en esto, vamos a elaborar un presupuesto con la cifra de desocupación de 8 por ciento. Se perfila como un buen año.

La desocupación económica es todo el ingreso por renta después de aplicar todas las pérdidas asociadas a la renta (ingreso efectivo por renta), dividido entre el ingreso potencial bruto. En realidad representa el efectivo real contra lo que pudiste haber cobrado.

Desocupación económica = Ingreso efectivo por renta ÷
(Ingreso bruto potencial por rentas − Pérdida en arrendamiento)

El ingreso efectivo por renta es la cantidad de dinero que recibiste verdaderamente contra la cantidad que, en teoría, deberías haber obtenido. En él se incluyen todas las pérdidas por renta como las promociones, desocupaciones y la deuda mala. El ingreso efectivo por rentas de nuestro ejemplo es de 1 434 696 dólares para los resultados financieros del año en curso. Para calcular la desocupación económica tomaremos esa cifra y la dividiremos entre el potencial bruto por rentas de 1 754 800 dólares menos la pérdida en arrendamiento. Ahora podemos ver que la desocupación económica para los resultados del año en curso es de 19.29 por ciento. ¿Te das cuenta por qué es importante llevar un registro de la desocupación económica? La desocupación económica en el ejemplo es casi el doble de la desocupación física; sólo cobramos 80.71 por ciento del ingreso potencial por rentas de la propiedad. Aunque es cierto que la desocupación económica siempre será más alta que la física, no debes llegar nunca a este nivel. Ahora será necesario indagar un poco para saber si no fuimos demasiado agresivos en los incrementos de la renta.

Mientras hagas el análisis, debes recordar dos cosas. Sabemos que en las proyecciones de la información del mercado que obtuvimos gracias a un profesional, las rentas continuarán subiendo y la desocupación seguirá cayendo. Ésta es una muy buena señal de que estamos en el camino correcto y que nuestras pérdidas por desocupación económica sufrirán un decremento en el próximo año. También nos indica que en el nuevo presupuesto incluimos un número menor de prestaciones. Debido a estos factores, podemos estar bastante seguros de que es correcto incrementar las rentas en el nuevo presupuesto y que una ocupación mayor, así como menos promociones, nos darán como resultado una desocupación económica aceptable. Finalmente, debemos comparar la desocupación económica del año anterior con la del año en curso y verificar si tienen las mismas tendencias. La desocupación económica del año anterior fue de 22.72 por ciento y la del año en curso es de 19.29 por ciento.

OTROS INGRESOS

Año en curso	Cambio	Año anterior
$109 869	64.10%	$66 953

Las cuotas representan una de las oportunidades más grandes que hay para generar ingresos, pero también son las que más dejamos pasar. Anteriormente, en esta sección, hablamos sobre el poder de encontrar aquellas oportunidades de ingreso perdidas, y de establecerlas en la propiedad. ¿Recuerdas cuántos ingresos se obtenían con algo tan sencillo como la implementación del RUBS (Sistema de Cobro de Servicios para Inquilinos), RUBS Resident Utility Billing System, por sus siglas en inglés) El valor de la propiedad se incrementó en 1.7 millones. Pero el RUBS no es la única forma con la que puedes incrementar tus ingresos. Ahora te hablaré de algunos servicios por los que cobramos cuotas en mis propiedades. Si tú no cobras una cuota por estos conceptos, estás desperdiciando un enorme potencial de recepción de ingresos. Dependiendo de las condiciones del mercado y de la filosofía de la administración, puede variar la gama de cuotas.

- Solicitud para arrendar —la paga el solicitante por la oportunidad para mudarse al inmueble— entre 25 y 100 dólares por solicitud.
- Cuota de administración —por el proceso de arrendamiento— 100 y 500 dólares por departamento arrendado.
- Depósitos no reembolsables por mascotas —por el daño potencial— entre 100 y mil dólares.
- Renta mensual por mascota—los dueños de mascotas pagarán más renta— entre 10 y 50 dólares.
- Cargos a los inquilinos en caso de daños —por mascotas, niños o daños generales— varía de acuerdo al incidente.
- Ingreso por lavandería —lavadoras que ofrece el propietario— entre 1 y 2 dólares por carga de ropa, por lavadora.
- Cargos por retardo —pago que se realiza si la renta se paga después de la fecha límite— de 25 a 100 dólares *más* 5 a 15 dólares por día.
- Cargo por insuficiencia de fondos —a ti te cuestan los cheques rebotados— entre 25 y 50 dólares (¡No olvides cobrar *también* recargos por pago tardío!)
- Estacionamiento, área de estacionamiento, cocheras —25 a 200 dólares dependiendo del tipo de estacionamiento y de la oferta/ demanda del área.
- Ingreso corporativo de renta —para amueblados de corto plazo—500 a mil dólares extras al mes— dependiendo del período.
- Cargos mensuales —para los inquilinos que no renueven su contrato para períodos mayores— 50 a 200 dólares por mes extra.
- Multa por traspaso —cambio de departamento o incumplimiento de contrato— un mes de renta.

Puede ser que en tu propiedad haya otro tipo de cuotas porque cada propiedad tiene oportunidades únicas para generar otros ingresos. Cuando se elabora un nuevo presupuesto, se deben considerar las características del inmueble.

Durante el proceso para determinar otras cifras de ingreso que se podrían presupuestar, primero debemos definir si hay otras áreas, aún no consideradas, en las que podamos generar ingresos. Para nuestro propósito podemos asumir que en nuestra propiedad ya se cobran todos los ingresos posibles en cada área. Por supuesto, esto no siempre es posible, tal como lo vimos en el caso del RUBS.

En segundo lugar, debemos revisar el estudio de mercado. ¿Las tarifas de la propiedad están a la par con las del mercado? Si la mayoría de las propiedades cobran 50 dólares por solicitud de renta, y nosotros cobramos 25, entonces podemos subir la tarifa a 50 dólares. Finalmente, son esos pequeños aumentos los que forman las grandes sumas.

En tercer lugar, como lo verás cuando hablemos de gastos, habremos investigado las utilidades del año entrante. Si va a haber un incremento en los costos de utilidades, entonces tendremos que ajustar el ingreso que esperamos de RUBS para el nuevo presupuesto.

Gastos de operación

Podemos tener mucho más control sobre los gastos de operación que sobre los ingresos. Es por esta razón que debes observar cuidadosamente el presupuesto a lo largo del año para asegurarte que te mantienes dentro de tus expectativas. Si no es así, ahora verás por qué debes hacerlo.

En mi compañía generamos reportes mensuales de variantes con los que los administradores pueden explicar cualquier variante en los rubros del presupuesto. A veces las variantes son inevitables. Algún cambio imprevisto en las condiciones del mercado, como el alza en las tasas de seguros tras el huracán Katrina, o como una reparación de plomería, puede tronar tu presupuesto. Aunque el propósito es no salirse del mismo, debes recordar que se supone que éste debe ser un reflejo preciso de las necesidades financieras que tiene el inmueble para lograr su máximo desempeño. Si sabes bien lo que se requiere para excederse en un rubro del presupuesto y que con eso la propiedad funcione sin tropiezos, entonces hazlo y realiza los ajustes necesarios en el presupuesto del siguiente año.

En la siguiente tabla se muestran los gastos de operación anuales de una propiedad y se comparan con los del año anterior. Ahora, revisemos cada categoría:

	Año en curso		Año anterior
	Cantidad	*% de cambio del año anterior*	*Cantidad*
GASTOS DE OPERACIÓN ANUALES			
Administración profesional	$46 337	2.91%	$47 727
Nómina de servicios de administración en el inmueble	$169 708	−8.62%	$156 244
Administrativos	$39 704	3.79%	$38 254
Publicidad	$23 968	−6.63%	$22 478
Impuestos y seguros	$161 419	−11.34%	$144 976
Servicios	$64 223	−13.17%	$56 751
Reparaciones y mantenimiento	$72 769	−19.57%	$60 860
GASTOS TOTALES	$578 128	−9.64%	$527 289

ADMINISTRACIÓN PROFESIONAL

Año en curso	Cambio	Año anterior
$46 337	2.91%	$47 727

Si contrataste a una compañía profesional de administración, tienes que incluir en el presupuesto los honorarios por sus servicios. Los honorarios varían dependiendo del tamaño de la propiedad. Más adelante hablaremos de esto con más detalle. Pero por ahora nos mantendremos en el contexto de nuestro ejemplo.

Los honorarios por administración deben ser un porcentaje de los ingresos totales recolectados en la propiedad. Nunca firmes un contrato de administración que tenga una cifra fija. Siempre he creído que si el ingreso de una compañía de administración de inmuebles se basa en el desempeño y los ingresos de un inmueble, entonces los empleados de la compañía se esforzarán mucho más.

Tal vez éste es el rubro más fácil de presupuestar, lo más seguro es que, si contrataste una administradora inmobiliaria, ya cuentes con un contrato en forma con un porcentaje constante. En el caso de nuestra propiedad hipotética, se trata de 3 por ciento del ingreso neto del año en curso. Para el nuevo presupuesto también usaremos 3 por ciento.

Nómina

Año en curso	Cambio	Año anterior
$169 708	−8.62%	$156 244

En los inmuebles de mayor tamaño, la nómina cubre todos los gastos que implica la contratación del personal para la propiedad. Estos gastos incluyen los honorarios del administrador, costos de arrendamiento, mantenimiento e intendencia, conforme se apliquen. También cubre bonos y otros gastos como los planes 401(k) de retiro, impuestos estatales y federales, compensaciones para trabajadores y seguros de salud y dentales. Por cierto, la nómina no es un rubro en el que se deba escatimar. A los empleados de calidad se les debe compensar, de otra forma, sufrirá tu propiedad. Ya conoces el viejo dicho: "Se cosecha lo que se siembra."

Las tarifas de honorarios varían en cada mercado. Si no estás familiarizado con tu mercado, pues es una razón más para consultar a una compañía local y profesional de administración. Ellos saben bien cuáles son los salarios promedio que tus empleados esperan ganar. Los profesionales también pueden evaluar tu propiedad y definir cuánto mantenimiento y administración necesitará el inmueble. Por ejemplo, si tu propiedad tiene una ocupación de 96 por ciento y está en un mercado fuerte, tal vez no tengas que contratar más agentes que se encarguen de arrendar los departamentos. ¿Se justifica que tengas un supervisor y un técnico de mantenimiento? ¿O solamente necesitas a una persona?

Como dije anteriormente, el objetivo no es recortar gastos, sino definir lo que se necesita para que la propiedad tenga el mejor desempeño. Cada año tendrás que dar aumentos, así que asegúrate de incluirlos en el presupuesto. Incluso si no realizas cambios de personal, en tus costos de nómina debes considerar los incrementos de la nómina.

Para nuestra propiedad del ejemplo, en lo que se refiere al personal, mantendremos la misma cifra para el nuevo presupuesto. Para justificar los aumentos de salarios, incluiremos un incremento en el porcentaje. Vamos a presupuestar un incremento de 3 por ciento.

ADMINISTRATIVOS

Año en curso	Cambio	Año anterior
$39 704	−3.79%	$38 254

Los costos administrativos se refieren a los honorarios profesionales que tendrás que pagar por abogados y contadores para las operaciones normales de negocios, y a los gastos que se generan al operar la propiedad cotidianamente. Estos gastos incluirán costos tan variados como artículos de papelería (papel, plumas, etcétera), o investigaciones de crédito y antecedentes criminales. Generalmente estos gastos se mantienen constantes, por lo que vamos a mantener, para el nuevo presupuesto, la cifra de cerca de 40 mil dólares del año en curso.

PUBLICIDAD

Año en curso	Cambio	Año anterior
$23 968	−6.63%	$22 478

Los costos de publicidad son todos los gastos que tienen que ver con la promoción de tu propiedad entre el público general. Esta promoción tiene como objetivo arrendar a futuro. Si solamente tienes una casa familiar, los gastos de publicidad se pueden reducir a un anuncio clasificado para atraer clientes, los honorarios que cobre el administrador de inmuebles o la comisión de una correduría de bienes raíces. Si la propiedad es más grande, costará más dinero anunciarla. Para una propiedad grande, generalmente se cuenta con una gama amplia de formas de anunciarse que va desde sitios en internet, hasta anuncios personales en periódicos locales como la Guía de departamentos (*Apartment Guide*). Además puedes usar servicios para ubicar localizaciones y servicios de referencia, ambos generarán gastos. También deberías incluir cualquier tipo de costo generado por los programas de retención de inquilinos. Estos programas incluyen regalos por mudarse al inmueble y fiestas pagadas por la administración. Los buenos administradores invierten tiempo y dinero para mantener a sus inquilinos en la propiedad porque es un costo bajo con una ganancia sumamente fuerte en potencia.

Nuevamente debemos revisar los datos históricos para ayudarnos a definir el nuevo presupuesto para la publicidad. A los principiantes les puedo decir que deben llevar un registro del origen del tráfico de inquilinos. Si pagas 250 dólares mensuales por un anuncio en un sitio de internet, y nadie menciona que así fue como encontró tu propiedad, tal vez debes considerar que ese dinero podría invertirse mejor. Es muy sencillo rastrear el tráfico. Debes tener un formulario como el que aparece en mi página de internet, Ken McElroy.com. Tus empleados deberán llenar uno de estos formatos cada vez que alguien llame por teléfono o entre a tu oficina. En este formulario se debe registrar toda la información pertinente como nombre, dirección, número telefónico, y los datos del tipo de vivienda en la que está interesado el inquilino potencial, así como el rango de precios en donde desea mantenerse. También debes incluir un renglón para cada uno de los probables medios por los que se enteró el cliente. Puede ser que sólo haya pasado por ahí o que haya visto un anuncio en alguna revista.

Ya que hayas revisado el tráfico y determinado cuáles son los medios de publicidad que han funcionado mejor para tu propiedad, también debes ver el nivel de ocupación. Si tienes arrendado 97 por ciento y hay una lista de espera para algunos pisos, entonces no hay razón para que te anuncies en dos sitios de internet y en cuatro medios impresos. Fácilmente podrías recortar esos gastos y ahorrar dinero. Asimismo, deberías considerar un incremento en las rentas de aquellos pisos para los que hay lista de espera.

Pero para tu propiedad del ejemplo, el nivel de ocupación todavía no es el ideal, por lo que no deberíamos reducir los medios de publicidad. No obstante, debemos asegurarnos de maximizar el potencial de nuestra inversión en publicidad, y esto se logra revisando el tráfico. Digamos que tras la revisión descubrimos que un anuncio que contratamos en una revista local por 1 200 dólares mensuales, genera muy poco tráfico. Cancelemos ese anuncio y reasignemos el dinero a un medio publicitario más efectivo. Podría ser en cualquier cosa, una publicación diferente o reuniones para inquilinos potenciales, con quesos y vinos.

En cuanto hayamos determinado qué es lo que queremos conservar y de qué nos queremos deshacer, debemos obtener cotizaciones. Para esto tenemos que llamar a los representantes de cuenta de cada uno de los medios de publicidad y solicitarles una cotización para el año entrante. Supongamos que al hacer esto descubrimos que hay un par de tarifas que subieron ligeramente para el año entrante y que nuestros costos de publicidad subirán 1 500 dólares.

Recuerda que esto no está grabado en piedra. Si durante el curso del año sientes que puedes realizar un decremento en los gastos de publicidad, entonces hazlo. No estás obligado a apegarte al presupuesto. De la misma forma, si crees que necesitas aumentar tu gasto y utilizar, digamos, un medio más directo, entonces hazlo. Por encima de todo, analiza tus medios de publicidad durante el año y mantente en la cima de efectividad del capital que usas para venderte.

IMPUESTOS Y SEGUROS

Año en curso	Cambio	Año anterior
$161 419	−11.34%	$144 976

Como dicen, hay dos cosas inevitables en la vida: la muerte y los impuestos. En la administración de inmuebles yo incluiría algo más, los seguros. No puedes adquirir una propiedad como inversión sin tener un seguro. Si para adquirir la propiedad tú pediste un préstamo, el prestamista es realmente el dueño del bien inmueble y, por lo tanto, es comprensible que quiera que esté asegurado. Los impuestos y los seguros son costosos, además, son el tipo de gastos sobre el cual no tienes mucho control. Tienes que pagarlos, eso es todo.

Pero es sencillo determinar las cifras en el presupuesto para estos rubros. En el caso de los impuestos puedes llamar a un asesor contable y preguntarle qué impuestos se deberán pagar en el año entrante o pedir a tu contador privado que determine esa cifra. También se puede solicitar esta información a la mayoría de los asesores del programa de información de internet, sólo necesitas tu número de registro.

Para los seguros debes llamar a tu agente y solicitarle las cotizaciones más atractivas o la cifra para renovar tu póliza actual. Hay muy pocas cosas que puedes hacer para crear un impacto en la cantidad que debes pagar por impuestos. La primera, ya la mencioné: obtener cotizaciones atractivas. Puede ser que otra compañía de seguros te ofrezca la misma cobertura a un precio más bajo; no puedes enterarte si no investigas. La otra opción es variar tus deducibles y/o límites. Generalmente buscas cobertura para las cosas grandes y no te preocupas por aquellas cosas mínimas que puedes cubrir con dinero de tu bolsillo. Los deducibles grandes pueden ser benéficos si tienen una base *premium* al mes, pero también tienen muchas desventajas, si algo saliera mal, te enfrentarías a un gasto sustancial. Siempre es mejor consultar a tu agente sobre las desventajas de cada póliza.

SERVICIOS

Año en curso	Cambio	Año anterior
$64 223	−13.17%	$56 751

Los servicios varían en cada propiedad, estado y ciudad. Entre los servicios podemos contar los siguientes: electricidad, gas, basura, alcantarillado, agua, cable y teléfono. Generalmente siempre aumenta su costo. Como mencioné anteriormente, es recomendable que, dentro de lo que el mercado permite, los inquilinos paguen la mayor cantidad posible de servicios porque ellos son quienes los usan. Claro que, inevitablemente, siempre habrá algunos gastos por servicios que serán tu responsabilidad porque forman parte de la operación de un inmueble. Este tipo de servicios son los que se requieren para operar una casa club o áreas comunes como una piscina. Incluyen la iluminación de un lote de estacionamientos y servicios para los departamentos desocupados.

La mejor forma de preparar tu presupuesto es contactar a todas las compañías con las que cubres estos servicios. Solicita un estimado de los precios para el año entrante y determina tu cifra con base en las tasas que ellos te proporcionen. Lo mejor es manejar esos costos por año. Esto significa que debes dividir el costo total del presupuesto entre los doce meses del mes por partes iguales. Debido a que muchos costos por servicios tienen uso temporal, probablemente en varias ocasiones durante el año tendrás costos más altos de lo previsto, pero también más bajos. Por ejemplo, si operas inmuebles en Phoenix y la piscina la calientas con gas, el costo del mismo será más alto durante el invierno pero en el verano casi se anulará.

Observa cuidadosamente los gastos por servicios a lo largo del año. Si notas gastos extremadamente altos y por encima del presupuesto, deberás revisar tu registro de variantes y ver si hay alguna explicación razonable. Si no la hay, entonces tienes que investigar. ¿Recuerdas el inmueble de 200 departamentos? El alcantarillado de la ciudad le había cargado a los propietarios el servicio durante siete años y medio. No es posible confiar en que las compañías que te ofrecen servicios corrijan sus errores o cuestionen la cantidad que te cobran. Lo que tienes que hacer es revisar. Si la compañía te cobra adecuadamente, entonces tienes que verificar la forma en que estás usando los servicios. Al terminar el verano, ¿se te olvidó apagar la piscina? Tal vez tus empleados no están apagando las luces del salón de fiestas cuando no está en funcionamiento. Haz lo que sea necesario para evitar el desperdicio en servicios. Todos estos detalles se suman con rapidez y causan un impacto en el valor de tu propiedad porque reducen el ingreso neto de operación. En mis propiedades instalamos medidores en los baños y en los cuartos de lavado para reducir el gasto por servicios.

REPARACIONES Y MANTENIMIENTO

Año en curso	Cambio	Año anterior
$72 769	−19.57%	$60 860

Tip de Padre Rico

Las buenas compañías de administración de propiedades tienen contratos prenegociados con precios establecidos para sus proveedores autorizados.

Estos costos varían dependiendo de la edad de tu propiedad, de la velocidad y eficiencia con la que tú o tu compañía de administración reaccionan a las solicitudes de mantenimiento y a la calidad en el perfil de tus inquilinos. No hay ninguna manera segura de elaborar el presupuesto para los costos de mantenimiento. Lo único que se puede hacer es observar las tendencias históricas del inmueble. En este rubro podemos incluir los gastos que se presentan a continuación pero no exclusivamente:

- Lavado de alfombras
- Pintura interior
- Reparaciones eléctricas
- Servicio de calefacción y aire acondicionado
- Reparaciones de plomería
- Reparaciones de aparatos eléctricos
- Jardinería

- Servicio a la piscina
- Control de plagas

En este rubro no se incluyen los gastos por remplazo de aparatos eléctricos y aquellos que corresponden a proyectos grandes para mejorar la propiedad. Ésos son gastos capitales, y los estudiaremos en la siguiente sección.

Los costos de reparación y mantenimiento generalmente se incrementan cada año porque los componentes suben de precio y porque aumenta el costo de contratación de empresas externas. Si vas a hacerte cargo de una propiedad que tiene demasiados problemas por mantenimiento postergado, o una propiedad que es totalmente nueva, entonces deberás incluir en el presupuesto algunos gastos diferidos. Ése es precisamente el caso de tu propiedad en el ejemplo. Para fines de presupuesto, esa propiedad era nueva cuando la adquirimos. Debido a que expiraría la garantía de un año, presupuestamos un incremento importante en los costos de reparación y mantenimiento. Sin embargo, por lo general debes presupuestar dos por ciento de incremento anual para reparaciones y mantenimiento. Así lo haremos para el nuevo presupuesto

INGRESO NETO DE OPERACIÓN

Año en curso	Cambio	Año anterior
$966 437	15.46%	$837 028

El ingreso neto de operación se determina al restar el gasto total de operación al ingreso total de operación. Como mencioné anteriormente, el ingreso neto de operación determina el valor de tu propiedad. Es la boleta de calificaciones de tu inmueble.

	Proyección	
	Cantidad	*% de cambio del año en curso*
INGRESOS		
Potencial bruto de ingresos por renta	$1 824 992	4%
Ganancia/ Pérdida	−118 624	47%
en el arrendamiento anterior		
Promociones	−27 375	21%
Otras pérdidas	−47 000	−2%
Desocupación	−145 999	13%
Ingresos efectivos por renta	−1 485 993	4%
Otros ingresos	112 066	2%
INGRESOS TOTALES	$1 598 060	4%
GASTOS ANUALES DE OPERACIÓN		
Administración profesional	$47 942	−3%
Nómina de servicios de	174 799	−3%
administración en el inmueble		
Administrativos	40 498	−2%
Publicidad	25 468	−6%
Impuestos y seguros	166 262	−3%
Servicios	66 150	−3%
Reparaciones y mantenimiento	74 225	−2%
GASTOS TOTALES DE OPERACIÓN	$595 344	−3%
Ingreso neto de operación	$1 002 716	5%

GASTOS CAPITALES

	Cantidad	*% de cambio del año anterior*	*Cantidad*
Gastos capitales	$44 694	−162.89%	$17 001
Ingreso antes de deuda	$921 744	−12.40%	$820 027
Deuda por servicios	$684 258	0.00%	$684 258
Flujo de efectivo	$237 486	74.92%	$135 769

Hay otros gastos que tienen que ver con la propiedad que no necesariamente afectan su valor desde un punto de vista operacional. Estos incluirían los gastos capitales y la deuda por servicios. La razón es que, generalmente, los gastos capitales añaden un valor físico a la propiedad, y la deuda por servicios la determinan factores externos a la operación del inmueble, como el valor crediticio del comprador y las tasas de interés.

En algún momento, toda propiedad necesitará que se realicen algunos proyectos de importancia para mantenerla modernizada, o en algunos casos, sólo para que siga siendo habitable. Estos proyectos incluyen el cambio de techos, repavimentación de los lotes de estacionamiento y reemplazo de aparatos eléctricos.

Si elaboras un presupuesto para una propiedad que adquirirás o de la cual te harás cargo, asegúrate de investigar a profundidad las mejoras de importancia que requiere. Si tienes que cambiar un techo a sólo un año de que tomes las riendas de la administración, debes presupuestarlo a tiempo para no llevarte una espantosa sorpresa.

En general, los gastos capitales permanecen constantes, a menos de que planees renovaciones mayores o proyectos muy especiales para el año entrante. Siempre es bueno mantener aparte una cuenta separada que se denomine cuenta de reserva de capital, con ella podrás cubrir estos gastos. Esta cuenta equivale normalmente a un mes de pago de la hipoteca. Si retiras dinero de esta cuenta deberás volver a llenarla a lo largo del año para que siempre esté lista en caso de emergencia. Es muy difícil usar los ingresos de operación para fondear grandes proyectos y aún así mantener un flujo de efectivo positivo. De la misma forma, si tienes fondos extras en la cuenta de reserva de capital, siempre puedes otorgarle a la propiedad una parte del flujo extra.

Tip de Padre Rico

Siempre mantén una reserva de capital para completar
proyectos grandes esporádicos.

He aquí una advertencia: Nunca postergues proyectos capitales
que deban realizarse. Puedes pensar que estás ahorrando dinero, pero a largo plazo, en realidad estarás perdiendo. Durante
la debida fase de investigación de un posible comprador, cualquiera que esté interesado en tu propiedad detectará los proyectos capitales que postergaste. Con eso, el comprador puede
obligarte a bajar el precio mucho más allá de lo que representa-
ría completar dichos proyectos. Al final, tu "ahorro" se conver-
tirá en una pérdida.

FLUJO DE EFECTIVO

La idea principal tras este loco negocio es generar un flujo de
efectivo en la inversión. La educación de Padre Rico se basa
en este concepto. El flujo de efectivo es lo que se puede distri-
buir en dinero real después de haber cubierto las deudas. Para
eso es que compramos bienes raíces, para generar un flujo de
efectivo suficiente ¡para ser libres financieramente!

Cuando busco un edificio para adquirir, nunca le pongo
atención al precio de lista del edificio. En lugar de eso, me en-
foco en el ingreso neto de operación y en mi habilidad para
incrementarlo en algún tiempo.

Tengo que enfatizar la importancia de maximizar tu
ingreso y minimizar los gastos para alcanzar el mayor ingreso neto posible de operación. Revisemos el nuevo presupuesto que elaboramos a lo largo de esta sección y veamos en
cuánto incrementamos el ingreso neto de operaciones. Esto
también nos ayudará a determinar el incremento en el valor de
la inversión.

Como verás, el ingreso neto de operación proyectado de 1 002 716 dólares, está cinco por ciento más arriba que en el año en curso, en donde era de 966 437. Eso equivale a 36 279 en ingreso extra para el año entrante. Si somos capaces de lograr estos incrementos que son bastante maleables, entonces habremos aumentado el valor de la propiedad en cerca de 600 mil dólares en un año, con base en la tasa original de capitalización de seis por ciento.

Tip de Padre Rico

Nunca olvides que el valor de tu propiedad se basa en su ingreso neto de operación.

Un mes en la vida de un propietario-administrador

En el capítulo anterior exploramos el aspecto financiero de la administración de propiedades. Ahora revisaremos su aspecto operativo. Con mucha frecuencia conozco gente que no tiene una idea real de la cantidad de trabajo y energía que se requieren para día a día administrar con efectividad una propiedad. En este capítulo te colocaremos en los zapatos de un propietario-administrador y te llevaremos a través de sus rutinas típicas de un día, durante un mes.

Imagina que eres el dueño de un edificio de ocho departamentos con una renta promedio de 900 dólares por vivienda, y que has decidido hacerte cargo de la administración tú mismo. Como en el caso de la gente que he conocido en los seminarios de Padre Rico, seguramente tus inversiones son un complemento a tu empleo de tiempo completo, y también representan tu plan de retiro. Eso significa que la mayoría de las labores de administración las realizarás en tus horas libres, o que tendrás que *robarle* tiempo a tu trabajo para enfocarte en la propiedad. A continuación revisaremos varias de las labores y dificultades que tendrás que afrontar a lo largo de un mes. Después de haberlo hecho, elaboraremos una lista que incluya los compromisos que debes cumplir para realizar dichas labores. De esta manera podremos dibujar un panorama claro del tiempo y energía que se necesitan para administrar con éxito tu inversión.

De la misma forma en que lo hiciste cuando revisamos los sistemas de administración de propiedades, ahora debes elaborar tu lista de lo que crees que ocurriría típicamente durante un mes si fueras el administrador de ese edificio de ocho departamentos. Además, asigna la cantidad de tiempo que crees que cada labor tomará. Cuando lleguemos al final de este capítulo, verás una diferencia bastante notable entre mi lista y la tuya.

Tendrás que cobrar las rentas al principio de cada mes. Vamos a asumir que en tu edificio hay siete departamentos ocupados y uno vacío. Eso significa que tienes una ocupación de 87.5 por ciento. Probablemente éste es el porcentaje de ocupación que necesitas para tener una pequeña cantidad de flujo de efectivo o para salir tablas. Así que, desde el principio, tienes la presión de cobrar toda la renta porque, de otra forma, tendrás que usar dinero de tu bolsa o de la cuenta de reserva del edificio para seguir operando.

En general, la cobranza de la renta se realiza entre el primer y el tercer día del mes. Es importante establecer una fecha específica como límite para pagar la renta y comenzar a cobrar recargos por pagos demorados. También tienes que verificar estrictamente el pago de estos recargos. Si permites que la gente se pase de la fecha, se divulgará el rumor. Peor aún, si dejas que una persona se pase, y otra no, corres el riesgo de que te demanden por discriminación. Las leyes de igualdad en la vivienda son muy estrictas y te obligan a tratar todas las situaciones de la misma forma, sin importar la persona que esté involucrada.

Cuando se trata de dar excusas por no pagar la renta a tiempo, los inquilinos se vuelven sumamente creativos. Solicité a mis administradores que me enviaran por correo electrónico algunas de las mejores excusas que les han dado sus inquilinos. La lista resultó bastante homogénea:

- "No me pagarán sino hasta el lunes (o martes, o miércoles, o cualquier día que sea conveniente)."
- Cualquier tipo de emergencia familiar.
- "Mi compañero de cuarto no me ha dado la mitad de la renta."
- "Estaba trabajando cuando tu oficina estaba abierta."
- "No sabía que había un buzón para dejar la renta."

Pero la que se lleva las palmas pertenece a la administradora de una propiedad que tengo en Sun City, Arizona. Ella tenía un inquilino que le decía que no podían pagar la renta porque acababa de hacer un "genial" negocio de cocaína. Le aseguraban que en cuanto pudieran mover el producto, regresarían a pagarle. Lo más interesante de la historia es que se trata de una propiedad con restricción de edad en donde solamente viven ¡mayores de 55 años!

El caso es que la gente te dirá cualquier cosa con tal de escabullirse y no pagarte la renta. Generalmente tratan de hacerte sentir culpable por esperar que cumplan sus obligaciones contractuales. Ahí radica la importancia de poder recurrir al documento de contrato y a las políticas de la comunidad, ambos firmados por ti y por el inquilino.

Por ejemplo, digamos que dos de tus siete inquilinos ya pagaron la renta. Llegó un cheque el primer día, y el otro, el tercero. Rápidamente tomaste ambos y los llevaste al banco a la hora del almuerzo. El quinto día no habías recibido aún la renta de los otros cinco inquilinos, por lo que tuviste que ir al edificio después del trabajo. Afortunadamente, todos están en casa. Cuatro de ellos te dan un cheque en ese momento y se disculpan por no haber enviado la renta. Pero una de las personas te dice que sólo podrá darte la renta hasta el siguiente día de paga, es decir, en tres días.

Le informas a la inquilina que está bien, pero que tendrá que pagar recargos por esos días. La inquilina te suplica y te dice que nunca antes había pagado tardíamente, y agrega: "¿Podría darme una oportunidad por esta ocasión?" Tú le contestas que es una situación desafortunada, pero le muestras en ese momento el contrato que ella firmó en el que se indica a detalle la fecha límite para pagar la renta y los recargos que aplican en ese caso. Ella te maldice y cierra la puerta de un azotón.

Ahora, evalúa la situación. Tienes un total de ocho departamentos y siete de ellos están arrendados. Seis te pagaron la renta a tiempo, una se retrasó, y el último departamento sigue desocupado desde que el inquilino se mudó hace menos de un mes.

Por otra parte, mientras tu cobrabas la renta, tres de los inquilinos solicitaron que te hicieras cargo de algunos asuntos de mantenimiento de sus departamentos. Tienes que ver que se repare un calentador de agua, que se destape un sanitario y controlar una fuga en la parte inferior de un fregadero. Dices a los inquilinos que los llamarás para concertar una cita y atender esos asuntos. Escribes un recordatorio para llamarlos mañana a la hora del almuerzo.

Hablas con dos de ellos y haces arreglos para visitarlos el siguiente sábado. De cualquier manera, tu plan era ir al edificio y comenzar a trabajar en el departamento vacío para que pueda ser rentado. Cuando llegas a casa del trabajo, llamas al otro inquilino. Él te dice que no puede verte el siguiente fin de semana y que preferiría que arreglaras la fuga ahora. La idea de contratar a un plomero para reparar una fuga menor, te mata. Así que vas al departamento antes de la cena para hacer la reparación tú mismo.

El sábado te levantas temprano para poder trabajar en las otras dos peticiones de mantenimiento y en el departamento vacío. También quieres ver si la inquilina que se demoró ya puede pagar la renta y los recargos. Tienes boletos para un evento deportivo en la tarde y quieres avanzar lo más posible en el trabajo antes de eso.

Lo primero que haces al llegar al edificio es llamar a la puerta de la inquilina que todavía te debe dinero. Ella abre en bata y te da un cheque que solamente incluye la renta. Le recuerdas que te debe los recargos y ella te dice que ahora sólo puede pagarte la renta. Le dices que no aceptarás un pago parcial y le devuelves el cheque. Ella reitera que no puede pagar los recargos y tú le dices que debe hacerlo porque, de otra manera, tendrás que enviarle un aviso de desalojo. Te vuelve a maldecir y de nuevo azota la puerta en tus narices. Escribes un recordatorio para llamar al abogado y solicitar que inicie acciones legales en contra de la inquilina.

Después te haces cargo de las dos solicitudes de mantenimiento pendientes: arreglar el calentador de agua y destapar el sanitario. Finalmente estás listo para trabajar en el departamento que ha estado desocupado por 10 días. Recuerda que pierdes ingresos por cada día que permanece vacío. Si este departamento en particular se renta por 900 dólares mensuales, eso significa 30 dólares al día en ingresos perdidos. Así que, hasta ahora, has perdido 300 dólares en renta potencial.

Lo primero que haces al entrar al departamento es evaluar la situación. ¿Qué trabajos se tienen que llevar a cabo? Al hacer una inspección más detallada te das cuenta de que se necesitará más trabajo del que habías previsto. Se requiere un mantenimiento general que incluye remplazar algunos focos, pintura nueva en todo el lugar, limpieza profunda y además, la alfombra tiene que ser lavada o posiblemente, retirada. Escribes todo esto y lo comparas con el registro que se hizo cuando el inquilino ingresó al inmueble. Después tienes que determinar de qué se responsabilizará el inquilino y aplicar los cargos pertinentes al depósito de seguro.

Pero hay un problema (mucho más común de lo que te imaginas): cuando el inquilino pagó el último mes de renta, te dio la cantidad del alquiler menos la cantidad del depósito. Ahora tienes un departamento vacío que te está costando 30 dólares al día y no cuentas con fondos de operación para cubrir el trabajo necesario para hacerlo habitable de nuevo.

Como tu única opción es comenzar a preparar el departamento, pones manos a la obra. La gran pregunta será si tú debes hacer todo el trabajo o si debes contratar a alguien más para que lo haga. Para contestar esta pregunta debes considerar un par de cosas. ¿Cuánto vale tu tiempo? Y ¿tienes contactos fuertes en la industria para obtener un buen precio? Exploraremos el concepto de tiempo *versus* dinero con más detalle en este mismo capítulo, más adelante. Por el momento, asumamos que decidiste encargarte de los problemas de mantenimiento menores y pintar. Contratarás a un profesional para que lave la alfombra, lo cual resulta una mejor opción que rentar una máquina en la tienda local.

Ahora te enfrentas a un dilema. ¿Olvidas todos tus planes y tratas de pintar, dar mantenimiento y limpiar durante todo el fin de semana? ¿O mejor te vas al evento deportivo y tratas de terminar todo el trabajo el domingo? De otra forma, tendrás que tomar tiempo libre de tu trabajo, contratar a alguien o esperar hasta el siguiente fin de semana. ¡Cualquier opción te costará dinero!

Como sabes que tienes demasiado trabajo por hacer, muy molesto, llamas a tus amigos y les avisas que no podrás ir con ellos al evento deportivo de esa tarde. Te diriges a la tienda de artículos para reparación y compras todo lo necesario para comenzar a trabajar. Gastas 150 dólares en artículos para pintar y 50 en molduras que se tienen que remplazar.

Camino a la tienda llamas al servicio de lavado de alfombras con el que has trabajado con frecuencia. Tratas de hacer una cita con ellos para que trabajen en el departamento. Los trabajadores sólo pueden atenderte hasta el miércoles por la tarde. Haces muecas porque eso significa que podrás mostrar el departamento hasta el jueves y eso te costará otros 120 dólares en renta perdida. Además, tendrás que tomar tiempo del trabajo para recibir a la gente que lavará la alfombra y dejarlos entrar al departamento. Más tarde también tendrás que ir a inspeccionar el trabajo antes de pagar. Más tiempo y dinero perdidos.

El proceso de habilitar un departamento toma aproximadamente una semana. Cuando esté listo, tendrás que comenzar a mostrarlo. Como te dije anteriormente, si tienes un departamento vacío, estás a punto de romper el equilibrio. Comienzas a sentir la presión de perder dinero con cada día que pasa.

Por otra parte, es el día 15 del mes y tu inquilina aún no ha pagado la renta. Tienes que iniciar acciones para desalojarla y eso también llevará tiempo, dependiendo de las leyes locales. Imaginemos que finalmente logras desalojar a la inquilina, si para entonces no has rentado el departamento vacío, entonces tendrás dos. Eso significará una ocupación de 75 por ciento. También implicará más gastos de mantenimiento y más dinero para la publicidad. En ese momento comenzarás a tener un flujo de efectivo negativo bastante fuerte. Entonces decides incrementar el renglón de TUMS de tu presupuesto.

Para rentar el departamento vacío, contratas un anuncio de 100 dólares a la semana en el periódico local y colocas un

letrero que dice "Se renta". Algunas personas llaman a tu ce-
lular, durante horas de trabajo, para preguntar sobre el departamento. Haces citas para mostrarlo en las noches y fines de
semana. La gente está viendo varias opciones y podría no llegar, pero con algo de suerte, vendrán y llegarán a tiempo.

En medio de todo esto, tendrás que continuar las operaciones normales de la propiedad. Te ves con el jardinero para
asegurarte que esté haciendo correctamente su trabajo. Es recomendable que siempre inspecciones en persona el trabajo de
tus contratistas.

Tip de Padre Rico

Si no administras a tu subcontratista, el resultado
será un trabajo mal supervisado.

También tendrás que pagar las cuentas de la propiedad, y como
solamente cobraste la renta de seis departamentos, deberás
cubrir con eso todos los gastos del mes. Continuemos con la
renta promedio de 900 dólares al mes. Eso significa que para
este mes habrás reunido 5 400 dólares en ingresos por rentas.
Si ya estás aplicando los principios de este libro, seguramente también cobras por otros servicios. Digamos que con eso
obtienes 500 dólares más. Tienes un total de 5 900 para pagar
los gastos del mes. A continuación verás un desglose general
de los gastos mensuales.

Concepto	Costo
Remozamiento del departamento	$300
Publicidad	$200
Gastos legales	$200
Seguros	$500
Garantía de impuestos	$400
Servicios	$800
Mantenimiento de la piscina	$100
Control de plagas	$150
Hipoteca	$3 500
Servicios en desuso	$150
Total	**$6 300**

Toma en cuenta que estas son cifras duras, en ellas no se incluye el costo de tu tiempo y de manejar tu auto desde la propiedad hasta la tienda y de vuelta. Veamos el trabajo que tuviste que hacer durante el mes y asignémosle un valor monetario a ese tiempo. Para ser neutros, podemos utilizar la cifra promedio para el salario en Estados Unidos que ofrece el Buró de Censos de Estados Unidos (*U.S. Census Bureau*). El salario es de 46 000 dólares, es decir, 22.28 dólares por hora.

Concepto	Horas	Costo
Recolección de rentas	3	$67
Órdenes de trabajo	3	$67
Desalojo	1	$22
Remozamiento del departamento	12	$267
Pago de cuentas	3	$67
Mostrar el departamento	4	$89
Comunicación con inquilinos	1	$22
Inspección de trabajos	1	$22
Total	**28**	**$623**

Estas cifras tampoco incluyen el valor de las cosas que te perdiste por hacerte cargo de la propiedad. Hablo de las cosas que no tienen valor monetario, como asistir al evento deportivo con tus amigos, ver tu programa favorito de televisión o pasar tiempo con tu familia. Pero al menos estabas ahorrando dinero, ¿verdad? Pues no del todo.

Asumamos que en tu mercado el costo de un profesional para que administre un edificio de ocho departamentos, es de cerca de ocho por ciento del ingreso total reunido. El total sería 640 dólares. El valor de tu tiempo, con base en el promedio de Estados Unidos, es de 623. Así que básicamente el ahorro que tendrías al administrar tú mismo la propiedad es de 17 dólares, y probablemente eso lo gastes en aspirinas.

No quiero decir que no deberías administrar tu propiedad, pero los números no mienten. La mayor parte del tiempo, la recompensa económica por administrar tu propio inmueble, es muy baja. Espero que disfrutes haciendo este trabajo porque esa es la única recompensa que has generado hasta el momento.

Honorarios por administración profesional: lo que logran hacer por ti

En los seminarios de Padre Rico continuamente se acercan a mí personas que preguntan: "¿Cuánto debo pagarle a un administrador profesional de propiedades?" Y mi respuesta siempre es la misma: "No lo sé." Lo primero que debes entender en relación con los honorarios por administración es que éstos varían al igual que cualquier otra cosa que adquieras. Los porcentajes por administración se determinan por las rentas promedio en el mercado, la demanda, la localización y el tamaño.

Para explicarte de qué hablo, observemos dos edificios hipotéticos con 10 departamentos cada uno. Uno está en Nueva York y el otro en la ciudad de Oklahoma. Las rentas promedio para el edificio de Nueva York son de 2 mil dólares mensuales por departamento. En Oklahoma, las rentas son de 400. Ambos edificios tienen una ocupación de 90 por ciento. Ahora, comparemos las cifras con una tarifa de honorarios por administración de ocho por ciento:

Ciudad	Total de rentas	Total recolectado	Tarifa de administración
Nueva York	$20 000	$18 000	$1 440
Oklahoma	$4 000	$3 600	$288

Un administrador de inmuebles en Oklahoma obtendría 1 152 dólares menos que en Nueva York, por un edificio de las mismas dimensiones. A pesar de que seguramente la carga de trabajo es más o menos la misma en ambos lugares. Si hubiera una cifra estándar para los honorarios de los administradores, creo que en Oklahoma habría muy pocos administradores porque no suena como un empleo viable.

La mejor forma de investigar cuál es la tarifa actual para administradores en tu mercado, es hablar con varias compañías locales de administración. Como ellas tienen que competir entre sí, verás que rara vez inflan artificialmente sus cifras.

Una de las nociones incorrectas más divulgadas es que el pago por administración cubre los gastos de la propiedad. No funciona así. Todos los gastos de la propiedad son responsabilidad del propietario e incluyen:

- Nómina de los empleados que habitan en el inmueble (si es el caso)
- Costos de administración
- Publicidad
- Impuestos y seguros
- Servicios
- Reparaciones y mantenimiento

- Gastos capitales
- Deuda por servicios

La tarifa por administración solamente cubre el costo de coordinación de los servicios y administración del inmueble para que logre su máximo potencial. Al final de este libro y en mi sitio de internet, KenMcElroy.com, encontrarás la muestra de un contrato. Asegúrate de que, antes de firmar, en el contrato de administración se describan claramente todas las responsabilidades de la compañía. Aquí tienes una lista en donde se detallan las responsabilidades típicas de un administrador y del dueño de la propiedad:

Responsabilidades del administrador de propiedades

Toda la comunicación con los inquilinos

Cobrar las rentas

Declaraciones de impuestos

Ofrecer y rentar los departamentos

Coordinar todo el mantenimiento

Elaborar presupuestos

Establecer y mantener todas las cuentas con los contratistas

Conducir los estudios de mercado y análisis

Aumentar las rentas y cuotas para equipararlas con las del mercado

Coordinar y supervisar todos los proyectos capitales

Supervisar todos los movimientos legales relacionados con los inquilinos

Coordinar el pago de facturas, incluyendo la deuda por servicios.

Responsabilidades del propietario

Revisar los estados financieros que genera la compañía administradora

Proveer los fondos requeridos que no sean cubiertos por las cuentas de operación.

Es importante recordar que todas las inversiones conllevan gastos. En muchas ocasiones no te percatas de que tú cubres esos gastos porque están ocultos entre las capas de la inversión misma. Ése es el caso cuando utilizas asesores financieros o corredores de bolsa. Los bienes raíces son un negocio, no son solamente una inversión. Algo que me agrada de los bienes raíces es que los gastos no están ocultos. Si contratas a un administrador inmobiliario, sabrás con exactitud la tasa que pagarás por sus servicios. En el caso de muchas otras inversiones no sucede igual.

Tip de Padre Rico

La administración de cualquier cosa,
sin importar quién la lleve a cabo,
costará tiempo o dinero.

Poco tiempo

En mi compañía trato con muchos inversionistas a quienes me gusta llamar "poco tiempo". Las personas "poco tiempo" son el grupo de profesionales que tienen recursos para invertir pero no cuentan con el tiempo que se requiere para encontrar y administrar propiedades de calidad que sirvan como inversión. Ésta no es una posición agradable, por lo que es necesario que evalúes hasta qué punto podrás dedicarle tiempo y energía a administrar tu propiedad o propiedades.

Lo más probable es que trabajes tiempo completo, al igual que tu cónyuge. Asumiendo que duermes ocho horas diarias, te quedan apenas 112 horas a la semana para realizar todas las labores que tienes que cumplir. Ahora, date un poco de tiempo para escribir la forma en que inviertes tu tiempo en cualquier semana del año.

Probablemente pasas entre 40 y 50 horas a la semana en el trabajo, ¿verdad? Ahora, suma el tiempo que inviertes en transportarte. El promedio en Estados Unidos es de 24 minutos al día, lo que equivale a 2 horas a la semana. Hasta ahora estamos hablando de 42-52 horas semanales. Eso te deja con 70-80 horas para realizar todo lo demás que tienes que hacer en la vida. No sé tú, pero yo siento que nunca tengo tiempo suficiente para realizar todo lo que tengo que hacer. Aquí te presento tan sólo una fracción de las labores que se tienen que realizar en una semana cualquiera.

- Hacer las compras
- Pagar las cuentas/ elaborar el presupuesto
- Cocinar
- Limpiar la casa
- Trabajar en el jardín/ dar mantenimiento
- Pasar tiempo con la familia
- Ver tu programa favorito de televisión
- Leer un buen libro

La lista anterior incluye trabajo y recreación porque ambas cosas son vitales para la salud y para mantener el balance en tu vida.

Mi punto es que, cuando hayas sumado todo aquello en lo que inviertes el tiempo durante la semana, tal vez descubras que eres una persona "poco tiempo". Si estás muy ocupado para hacer cosas que de todas formas ya son tu deber, probablemente no debas involucrarte en la administración de tu propiedad. Lo mejor que te puede dar un profesional en administración inmobiliaria es tiempo.

Sin embargo, no es necesario contratar a otra compañía para ahorrar tiempo. Para ayudarse a disminuir la presión que implica administrar una propiedad, muchas personas emplean a miembros de su familia, como sus hijos, sobrinos o cónyuges.

Tal vez tu esposo o esposa te pueda ayudar con la contabilidad y los niños te pueden echar una mano con el mantenimiento, pero debes recordar que aunque tu familia tenga las mejores intenciones al ayudarte, no cuenta con experiencia.

Hace tiempo fundamos una compañía para administrar inmuebles de inversionistas particulares; precisamente lo hicimos pensando en la gente "poco tiempo". Esta compañía era una empresa integral que podía operar desde el inmueble y que le ofrecía a inversionistas particulares, condominios con servicios de administración incluidos. Aunque tuvimos mucho éxito en las ventas, las labores representaron un gran peso para toda la corporación.

Con este producto de administración vendimos 750 condominios aproximadamente. Por lo tanto, teníamos que generar 750 estados financieros para 750 propietarios distintos. Además, tuvimos que contratar a muchas personas para que se dedicaran exclusivamente a recibir llamadas de los propietarios. Tratar directamente con 750 personas se convirtió en un trabajo mucho más demandante que un empleo de tiempo completo. Muchos de los propietarios jamás habían tenido un inmueble, por lo que tenían infinidad de preguntas que nos tomaban mucho tiempo responder.

Todo el proceso exigió más tiempo y esfuerzo. Cuando hacíamos algún trabajo de mantenimiento le teníamos que pedir a los técnicos que registraran cuánto tiempo invertían en cada departamento para poder cobrar adecuadamente. Mi personal de contrataciones atendía llamadas de los propietarios durante todo el día. Los contadores tenían que asegurarse que los depósitos y otros ingresos se distribuyeran correctamente entre los 750 propietarios. Nuestros servicios eran maravillosos para los inversionistas "poco tiempo", pero para nosotros representaban un verdadero dolor de cabeza. ¿Sabes cuál era el pago promedio mensual que cobrábamos por este servicio? 80 dólares nada más.

Lo que quiero decir es que mucha gente piensa que administrar una propiedad se trata solamente de cobrar rentas y pagar algunas cuentas. Si algo has aprendido de este libro, es que eso está muy alejado de la realidad. La administración inmobiliaria es una actividad intensa y demandante, y a menos que realmente la disfrutes, puede desgastarte, robarte tiempo y cansar a tu familia.

Condiciones del mercado

Cuando tomes la decisión de administrar tu propiedad o no, también debes prestar atención a la situación del inmueble en el mercado. A esto es a lo que me refería cuando hablábamos de cómo se estructura el esquema de honorarios. El hecho es que algunos mercados son más bondadosos que otros.

Un buen ejemplo es la Isla Coronado en la costa sur de California. Cada verano rento ahí con mi familia un condominio de dos recámaras en la playa y pago felizmente 7 500 dólares mensuales por él. Soy afortunado por conseguir el lugar porque en el verano la demanda es tan alta en Coronado, que las rentas se han elevado a niveles ridículos.

¿Qué tiene que ver esto con el esfuerzo que significa administrar una propiedad en Coronado? Bien, en principio, el hecho de que la demanda rebase por mucho la oferta, significa que un administrador puede rentar las unidades con los ojos cerrados. Podría hacerlo hasta dormido. Además, la enorme demanda provoca que la gente baje sus estándares de exigencia. Porque cuando te sientes afortunado tan sólo por haber obtenido el lugar, no te quejarás si la respuesta a tus peticiones de mantenimiento es lenta. En un mercado de demanda alta y oferta baja, el casero tiene mucho más control sobre el arrendatario, de lo que tendría en un mercado más balanceado. Por fortuna, en nuestro condominio sólo tuvimos buenas experiencias, a pesar de que no siempre sucede así en lugares como Coronado.

Tal vez te parezca que pagar 7 500 dólares por un departamento de dos recámaras es un gasto astronómico, y así es. Es un poco más que la cantidad estándar por renta en esa área, pero yo estoy dispuesto a pagarlo porque la compañía de administración que lo renta ofrece un alto nivel de servicio. Siempre debes recordar que en un mercado fuerte, lo que te dará ventaja sobre los demás es un alto nivel de servicio. El nivel también te permitirá cobrar rentas más altas.

El mercado de Coronado es muy fuerte, pero es un mercado de temporada. Cuando termina el verano se debe afrontar un alto nivel de desocupación. Hay otros mercados en los que la demanda es tan alta y la oferta tan baja durante todo el año, que administrar la propiedad resulta relativamente sencillo. Tal vez el ejemplo más ilustrativo es Manhattan. El mercado en Manhattan beneficia tanto al arrendador que el gobierno tuvo que aprobar el control de rentas.

Conseguir inquilinos es uno de los aspectos más desgastantes de la administración, pero en un mercado como el de Manhattan ese problema es casi inexistente. Ser un administrador en Manhattan es mucho más sencillo que en otros mercados.

A diferencia de Manhattan, Fountain Hills, el pueblo en donde yo vivo, es una comunidad de viviendas pequeñas al noreste de Scottsdale. Casi todos los que viven en Fountain Hills son propietarios de sus casas y para trabajar se transportan hasta Scottsdale o Phoenix. La base de empleo es muy baja y la pregunta obvia es: ¿por qué alguien querría rentar en este lugar? La respuesta es que la mayoría de la gente no está interesada en hacerlo.

Fountain Hills es un lugar muy difícil para rentar porque la demanda es muy baja. Además de que solamente hay dos edificios de departamentos en el pueblo, hay varios inversionistas que también tratan de rentar sus condominios, sin éxito. Los departamentos permanecen desocupados durante meses.

En un mercado tan lento como el de Fountain Hills, los inquilinos tienen mucho más control sobre la situación que en lugares como Coronado y Manhattan. Los inquilinos exigen el mismo nivel alto de servicios pero a un precio más bajo. Además, pueden negociar el precio y las condiciones, con lo que generan más pérdidas de ingreso para los propietarios. En un mercado con bajo desempeño, se requiere mucho más tiempo y esfuerzo para rentar las viviendas y conservar en ellas a los inquilinos.

Finalmente, tienes que ser honesto contigo mismo y preguntarte si administrar tu propiedad será una actividad integral y sólida en el aspecto financiero. Si decides que quieres hacerte cargo, necesitarás mucha fuerza. Asegúrate de aplicar los principios de los que he hablado en este libro. Pero si quisieras explorar la opción de una compañía externa de administración, entonces debes considerar varios factores. En la siguiente sección estudiaremos el proceso para identificar a un buen administrador inmobiliario.

¿Cómo identifico a un buen administrador de propiedades?

Capítulo 5

No todas las compañías de administración de propiedades son iguales

En el verano de 2002, unos clientes para quienes ya administrábamos una propiedad, me pidieron que nos hiciéramos cargo de otro de sus inmuebles. Hablé de esta propiedad brevemente en la introducción. El edificio de 100 departamentos estaba en un área de la ciudad muy difícil. Fui a la propiedad y me paralicé durante el recorrido inicial. Rara vez había visto un inmueble administrado tan desastrosamente.

Es cierto que debido a su localización, la propiedad enfrentaba ciertos problemas, pero en realidad parecía como si el administrador se hubiera dado por vencido completamente. Supe de inmediato que manejar ese edificio sería un gran reto. Por suerte, adoro los desafíos. Decidí hacerme cargo del edificio porque conocía a los propietarios.

El primer problema de los dueños era que habían firmado un contrato de administración con una tarifa base, en lugar de uno con un porcentaje de los ingresos recolectados. Como indiqué, si usas una compañía de administración, siempre debes asegurarte de que sus ganancias dependan directamente del ingreso de la propiedad. Cuando la gente sabe que recibirá su dinero sin importar su desempeño, se vuelve apática.

Aunque me agradan los desafíos, todavía tenía mis reservas respecto a manejar la propiedad. Los dueños y yo pasamos dos meses negociando los términos para que fueran suficientemente justos y yo pudiera aceptar el empleo. La cantidad de cuentas por pagar era tan grande que una de mis condiciones fue que los dueños las cubrieran antes de que nosotros pusiéramos un pie en el inmueble, y así lo hicieron. Era necesario que se manejara así porque de otra forma no habríamos tenido siquiera la oportunidad de iniciar la batalla.

Cuando finalmente tomamos la propiedad en marzo de 2003, nos horrorizamos al ver las condiciones y el estado en que operaba. Hicimos el recorrido de los 100 departamentos de inmediato y encontramos bastantes rezagos en su mantenimiento. En casi todos los departamentos se necesitaba una buena cantidad de trabajo de renovación. Esto incluía los departamentos habitados, pero no sólo eso. En 40 de los departamentos el mantenimiento postergado era tanto, que el gerente anterior no había podido rentarlos. La propiedad tenía un nivel de ocupación de solamente 60 por ciento. Muchos de los departamentos requerirían entre 2 mil y 4 mil dólares para remozarse. En resumen, había 98 departamentos que necesitaban reparaciones de algún tipo, lo cual sumaba ¡106 mil dólares!

La propiedad estaba en tan mal estado que las rentas se mantenían muy por abajo del promedio del mercado. Volvimos a investigar los datos financieros y encontramos datos sorprendentes. El ingreso por rentas estaba 145 694 dólares por abajo de los precios del mercado. Basados en una tasa de capitalización de seis por ciento, el hecho de que las rentas fueran tan bajas devaluaba la propiedad en 2.4 millones.

Los gastos de operación también eran demasiado fuertes. El administrador anterior no había buscado formas de ahorrar dinero, pero nosotros solamente tuvimos que hacer un par de llamadas para comenzar a ahorrar 20 mil dólares anuales en gastos de operación. Por desgracia, esos ahorros tuvieron que invertirse de inmediato para hacer rentable la propiedad. Lo peor fue cuando descubrimos que, a propósito, la compañía administradora anterior había pagado 20 mil dólares menos de la hipoteca. Ahora, el inversionista que había prestado el dinero amenazaba con rematar la propiedad.

Como el edificio se había convertido en una gran carga, el dueño tenía la intención de venderlo, pero todo fue un intento fútil. El flujo de efectivo real del año financiero fue *negativo* ¡por 166 373 dólares! Era una pérdida de operación que equivalía a cuatro por ciento del valor total del edificio, por lo que era imposible venderlo. Como se discutió anteriormente, el valor se fundamenta en las operaciones. Creo que si los dueños hubieran querido *regalar* el edificio, aun así les habría sido difícil deshacerse de él.

Cuando un administrador se da por vencido con un edificio, así como sucedió en este caso, inevitablemente baja el perfil de los inquilinos. Así sucedió con esta propiedad. Como estaba desesperado por ocupar los departamentos, el administrador dejó de verificar los antecedentes y le rentó a cualquiera que lo solicitó; fue su último intento para aumentar la ocupación. La actividad criminal en la propiedad llegó a ser tan alta que los policías ordinarios no podían entrar al inmueble. En lugar de eso, instalaron una subestación dentro del edificio para controlar la incesante actividad de narcotráfico. Además, el departamento de policía rentó un departamento y empezó a manejar operaciones desde ahí.

En la introducción mencioné que había un inquilino tan involucrado en el tráfico de drogas que había quedado paralizado en alguno de los tiroteos en los que había participado. Estaba en una silla de ruedas fabricada especialmente para él, había solicitado que en ella se pudiera guardar un arma automática. Cuando llegamos al edificio fue muy amable y mostró interés en lo que planeábamos hacer para aumentar la seguridad. ¡Le preocupaba que pudiéramos afectar su negocio!

De inmediato desalojamos a 15 inquilinos por estar involucrados en actividades delictivas. Uno de mis empleados llegó a sugerir en broma que solicitáramos fondos federales para convertir el edificio en un centro correccional para convictos. Eso hubiera sido más sencillo.

Cuando tomamos toda la propiedad, nos enfrentamos a un volumen colosal de trabajo. Mientras tratábamos de hacer que la propiedad fuera funcional nuevamente, la carga llegó a ser tan intensa que solicité a los empleados de mi oficina corporativa mantener un registro del tiempo que invertían en la rehabilitación. Los resultados fueron sorprendentes. A continuación verás el tiempo y costos reales que mi personal corporativo invertía al mes, exclusivamente en esta propiedad.

	Tiempo comprometido al mes	*Costo del tiempo*
Marzo		
Administrador de inventarios	60	$1 920
Contabilidad	56	$1 400
Entrenamiento	12	$240
		$3 560
Abril		
Administrador de inventarios	50	$1 600
Contabilidad	31	$775
Entrenamiento	6	$120
		$2 495
Mayo		
Administrador de inventarios	50	$1 600
Contabilidad	31	$775
Entrenamiento	6	$120
		$2 495
Abril		
Administrador de inventarios	50	$1 600
Contabilidad	31	$775
Entrenamiento	6	$120
		$2 495
Abril		
Administrador de inventarios	40	$1 280
Contabilidad	31	$775
Entrenamiento	6	$120
		$2 175

Permíteme explicarte la importancia de esta tabla. Cuando yo negocié con los dueños el contrato de administración del inmueble, quería algunos elementos de protección porque sabía que había mucho trabajo por hacer. Pensando en eso, establecimos una tarifa de administración de cinco por ciento sobre los ingresos totales recolectados o 2 500 dólares mensuales, lo que representara la cantidad mayor.

Cuando nos hicimos cargo de la propiedad, ésta generaba un total mensual de ingresos de 31 mil dólares. Con una tarifa mensual de cinco por ciento, nuestros honorarios hubieran ascendido a 1 550 dólares. Aunque por fortuna teníamos protección y cobramos 2 500, de todas formas perdí dinero.

Anteriormente en el libro hablé sobre los rubros que se tienen que cubrir con los ingresos de operación de la propiedad. Uno de ellos es el personal *in situ*, es decir, los agentes de administración, mantenimiento, intendencia y arrendamiento que permanecen en el inmueble. Estos gastos no incluyen los honorarios del personal corporativo en oficinas. Observa de nuevo la tabla. ¿Puedes ver que en el primer mes que nos hicimos cargo de la propiedad, el costo total de *mi* personal en la oficina fue de 3 560 dólares? Eso significó una pérdida directa para mí de 1 060. De ahí en adelante siempre salí tablas.

Todo esto fue resultado de la incapacidad del administrador anterior para manejar la propiedad adecuadamente, y si el dueño hubiera hecho su tarea y hubiera estado más preparado para su búsqueda inicial como administrador, se habría podido evitar.

Al final, logramos poner al edificio en mejores condiciones de operación. La diferencia fue tan notoria que los dueños cambiaron el nombre del edificio para deshacerse del estigma negativo que le otorgaba el nombre anterior.

Después de que trabajamos arduamente, los dueños pudieron vender la propiedad y hasta obtener una pequeña ganancia. Pero dos años atrás, eso hubiera sido impensable. Para mí, ésta es una clara prueba de que no hay nada más importante para el valor de una propiedad que una buena administración. Piensa en el increíble contraste; un administrador había abatido tanto la propiedad, que técnicamente perdió todo su valor, en tanto que nosotros tomamos la misma propiedad y creamos valor al implementar los principios sólidos de administración.

Para mí no hay nada más trágico que ver cómo el mal desempeño de un administrador destruye el valor de un inmueble. Por desgracia, la historia de esta propiedad no es la única. Sobre tus hombros yace la responsabilidad de hacer la tarea y contratar a una compañía de administración. En este capítulo discutiremos cómo puedes evitar estos errores y encontrar un administrador que cubra las necesidades de tu inversión y que la maneje con éxito.

Lo que necesitas

En principio déjame decir que la definición más simple de una buena compañía administradora es la siguiente: aquélla que te envía un cheque y nunca te llama por teléfono. Ése es el sueño de todo inversionista en bienes raíces. Una de las mayores ventajas de contratar a una administración profesional es que ya no tienes que invertir una copiosa cantidad de tiempo y energía en tu inmueble. Cuando encuentras una compañía en la que puedes confiar, le permites hacerse cargo de tus bienes y ella te envía las ganancias. Si acaso sientes la necesidad de controlar todos los aspectos del proceso de administración, entonces debes hacerte cargo personalmente del inmueble. Si contratas una compañía, pero tratas de tener el control, entonces contravienes el propósito de la contratación y además estás desperdiciando dinero. Sin embargo, esto no quiere decir que no debas supervisar al administrador.

Cuando tu propiedad tiene un mal desempeño, lo más sencillo es culpar a la compañía de administración, no obstante, la responsabilidad finalmente es sólo tuya. Incluso si no manejas tu propiedad, debes entender a fondo el trabajo y los principios que se requieren para que la propiedad tenga éxito y que su valor se incremente. Para escoger a la compañía de administración debes tomar una decisión informada.

Hay muchas compañías de administración que mueren por hacerse cargo de tu inmueble, incluso si no tienen suficiente

personal o si no conocen a fondo el negocio. Esto sucede porque están más interesadas en hacer crecer sus negocios que en
generar valor para tu inversión. No todas las empresas se han
especializado en administrar el tipo de inversión que tú tienes.
Más adelante en este mismo capítulo, hablaremos con detalle
sobre los distintos tipos de compañías, pero por el momento
basta decir que no debes contratar a una compañía que se especializa en administración comercial, si lo que quieres es que
maneje tu edificio residencial de 10 departamentos.

Lo primero que debes hacer para decidir qué compañía
contratar, es evaluar las necesidades de tu inmueble. Siéntate y
piensa con cuidado cuáles son las necesidades de tu propiedad
que la compañía tendrá que atender. Algunas áreas en las que
debes enfocarte son:

Edad	Si tu propiedad es más vieja, deberá tener un nivel más alto de mantenimiento para que siga siendo competitiva dentro del mercado.
Estructuras	Algunas propiedades cuentan con más de un edificio. Puede tratarse de fuentes o canchas de tenis. Otra de las instalaciones que son comunes es el centro de lavado. Todas estas requerirán una compañía que sepa cómo cuidarlas.
Equipo	Es muy frecuente que la propiedad cuente con equipo para el mantenimiento de la misma. Hace poco adquirí una propiedad que incluía un vehículo para retirar nieve, un tractor y un auto. También había calderas para proveer de agua caliente a los inquilinos. Todo este equipo es parte de la propiedad y requiere cuidado y mantenimiento.

Terrenos	El jardín de una casa familiar puede implicar muy poco trabajo, pero si tienes una propiedad más grande, puede convertirse en un gasto mayor y requerir una gran cantidad de tiempo. Si una compañía no cuenta con los recursos necesarios para manejar los jardines, la propiedad resultará afectada.
Leyes locales	Cada estado y las ciudades que dentro de ellos se encuentran, tienen leyes y regulaciones diferentes para la industria de la administración inmobiliaria. Asegúrate de que la compañía no solamente esté familiarizada con ellas, también debe estar versada en tu mercado y sus leyes.
Recreación	Si tienes una propiedad grande, seguramente cuentas con áreas recreativas como piscinas, gimnasios y centros de negocios. Todas ellas requieren un cuidado constante.
Necesidades administrativas	Determina si tu propiedad requiere administración *in situ* o remota. También evalúa qué tipo de funciones de contabilidad y reportes quieres recibir. Asegúrate de que la compañía en prospecto pueda cubrir esas necesidades.
Tamaño	Sin importar si tu propiedad es una casa familiar o un gran edificio multifamiliar, existen compañías que se especializan en tu tipo de propiedad. No cometas el error de contratar a una compañía sólo porque quiere ganar el negocio. Tienes que encontrar a la que se acople perfectamente.

Este proceso no tiene que ser complicado. Por ejemplo, si tienes una propiedad de 100 departamentos, no puedes contratar a una compañía que no ofrezca administración *in situ* y técnicos de mantenimiento especializados. Asimismo, si tienes una casa familiar, no necesitas contratar una compañía grande a la que se le haga fácil permitir que tu pequeña propiedad se desmorone.

Además de lo anterior, las necesidades de tu propiedad serán diferentes dependiendo de la región. Puede ser que tengas una propiedad grande a la que le convendría ser administrada por una compañía grande, pero si se encuentra en un área en donde la presencia de la compañía es menor, tal vez sería mejor que consiguieras una empresa que conozca el mercado y tenga más presencia en la región.

Algo tan simple como el clima puede provocar diferencias considerables en las necesidades de propiedades similares. Una propiedad en Madison, Wisconsin, necesitará que la administración pueda afrontar la acumulación de nieve, tuberías congeladas y banquetas resbalosas, mientras que un propietario en Phoenix, Arizona, jamás tendría que preocuparse por algo así. Si tu propiedad se encuentra en una región con clima frío como Madison, no tendría caso contratar a una compañía que opera principalmente en el suroeste. Hay una diferencia tan radical entre estos climas que solamente una compañía regional podría administrar bien la propiedad.

Al evaluar una compañía de administración inmobiliaria, la regla de oro es asegurarse de que pertenezca a las organizaciones locales y nacionales de comercio. Las compañías con buena reputación pertenecen a este tipo de asociaciones. Pertenecer a una asociación es un indicativo de que la compañía se enfoca en mejorar su nivel operativo porque estas asociaciones le ofrecen a la compañía ventajas que no podría encontrar en otro sitio. Las ventajas incluyen entrenamiento para empleados, oportunidades de trabajar en red e información relevante sobre el mercado. En los sitios de la NAAHQ.org y de IREM. org, puedes encontrar una lista de las asociaciones más prominentes en la administración inmobiliaria.

Yo he pertenecido durante años a la *Arizona Multihousing Association*, (AMA, por sus siglas en inglés. Cada mes envío a mis empleados a tomar varios de los cursos de entrenamiento que ofrece la asociación. Estos cursos son invaluables. Además, formar parte de la AMA nos ha generado valiosas oportunidades de trabajar en red y establecer contacto con proveedores que nos proporcionan descuento en sus servicios. Esto le ahorra dinero a mis clientes.

La AMA también mantiene a sus miembros al tanto de los cambios y de las propuestas para modificaciones del sistema legal de Arizona, los cuales afectarían a las propiedades que administramos. Asimismo, la AMA ofrece foros y seminarios sobre legislación de administración inmobiliaria y me ayuda a que mis empleados conozcan lo necesario para cumplir con esta ley.

Las organizaciones de comercio también proveen certificados de entrenamiento intensivo. La National Apartment Association ofrece un certificado de Administrador de Departamentos que sólo se puede obtener después de tomar varias horas de clases y realizar prácticas de campo. Los certificados para Inmuebles Libres de Crimen que ofrecen estas asociaciones, también son importantes. Todas mis propiedades en Arizona han recibido estos certificados de cinco estrellas. Son parte de un programa conjunto con el estado de Arizona para reducir el crimen en comunidades departamentales. Yo me siento muy orgulloso porque es muy difícil obtener ese certificado.

Tipos de compañías de administración inmobiliaria

Como mencioné anteriormente, hay varios tipos de compañías de administración inmobiliaria. Dichas compañías se pueden especializar en los siguientes rubros:

Comercial	• Administran edificios comerciales, desde oficinas pequeñas hasta grandes rascacielos.
	• Arrendamientos a compañías, no a individuos.
	• Cuidan principalmente los exteriores y áreas comunes de las propiedades.
	• Hacen que las políticas se cumplan.
	• Generan arrendamientos en paquete por varios años.
	• Pueden ofrecer planeación de espacios y servicios arquitectónicos.
	• Pueden ofrecer servicios de arrendamiento.
	• Cuentan con administración remota y administración *in situ*.
Asociación de propietarios de casas (HOA, Home Owners Association, por sus siglas en inglés)	• Administran inmuebles con varios propietarios como condominios, comunidades con una planeación maestra y viviendas subdivididas.
	• Generalmente sólo administran elementos exteriores como la jardinería, exteriores de los edificios, techos, estacionamientos, etcétera.
	• Hacen que las políticas de la HOA se respeten.
	• Administran cuentas de la HOA y recolectan pagos vencidos y de facturas para la HOA.
	• No arrendan.
	• Realizan administración remota del inmueble.
Mini almacenamiento	• Administran instalaciones para almacenamiento.

- Ofrecen un alto nivel de seguridad para proteger las pertenencias almacenadas de los individuos.
- Solamente se ocupan de los aspectos exteriores de las propiedades.
- Recolectan las rentas mensuales de cada espacio de almacenamiento.
- Arriendan por periodos renovables de un mes.
- Refuerzan las políticas de almacenamiento.
- Ofrecen administración *in situ*.

Centros comerciales/ Minoristas

- Administran instalaciones para compras, desde pequeños pasajes hasta grandes centros comerciales.
- Al igual que las administradoras comerciales, les rentan a compañías, no a individuos.
- Principalmente administran las áreas exteriores y comunes de las propiedades.
- Cobran las rentas y administran las cuentas financieras.
- Generan arrendamientos en paquete por varios años.
- Hacen que se cumplan las políticas.
- Cuentan con administración remota y administración *in situ*.

Multifamiliares

- Administran edificios de departamentos de dimensiones medianas a grandes.
- Administran el exterior e interior de los edificios.
- Cobran las rentas y administran las cuentas financieras.
- Hacen que las políticas se cumplan.

	• Generan arrendamientos en paquete por varios años.
	• Ofrecen administración *in situ*.
Unifamiliar/ Pequeña propiedad	• Generalmente administran inversiones que involucran desde casas unifamiliares y dúplex, hasta propiedades de dimensiones medianas.
	• Administran el exterior e interior de los edificios.
	• Cobran las rentas y administran las cuentas financieras.
	• Hacen que las políticas se cumplan.
	• Generan arrendamientos en paquete por varios años.
	• Realizan administración remota del inmueble.

Existen otros tipos, pero éstos cubren las áreas principales. Cada una de estas propiedades tiene necesidades específicas que requieren de una compañía bien versada en las mismas.

Además de especializarse en algún tipo de propiedad, las compañías también son distintas porque no tienen la misma capacidad operativa, y cada una tiene sus ventajas y desventajas:

Compañías Nacionales/ Internacionales	**Ventajas**
	• Compañías bien establecidas con prestigio.
	• Generalmente cuentan con sistemas y políticas estandarizadas.
	• Ofrecen entrenamiento y educación obligatoria para sus empleados.
	• Están relacionadas con organizaciones profesionales de comercio.

- Tienen conocimiento sobre los aspectos legales de la administración.
- Cuentan con una amplia base que puede absorber la rotación de empleados.
- Su sistema de contabilidad es sofisticado.
- Tienen sofisticados sistemas de mercadeo como sitios de internet integrales.
- Ofrecen administración *in situ*.
- Pueden lograr un alto nivel de mantenimiento.
- Tienen un avanzado poder de compra.

Desventajas
- Las propiedades pequeñas de menos de 50 departamentos pueden desaparecer entre las más grandes.
- Pueden carecer de conocimiento profundo de tu mercado específico.
- Tal vez no están relacionados con los proveedores locales.
- No administran propiedades unifamiliares o dúplex.
- Con frecuencia pueden tener una orientación muy formal o rígida.

Regionales   **Ventajas**
- Se especializan en el mercado local.
- Tienen una red bien establecida de proveedores locales.
- Tienen la tendencia a ser más entusiastas al administrar propiedades pequeñas.
- Generalmente forman parte de la asociación local de comercio.

- Comprenden los programas legales de la región.
- Tienen buenos sistemas y políticas.
- Están establecidas localmente y tienen buena reputación.
- Pueden ofrecer un servicio más personalizado.
- Ofrecen administración *in situ*.
- Pueden proveer mantenimiento de nivel básico a medio.

Desventajas

- Tal vez no puedan absorber la pérdida de empleados clave.
- Tal vez no tengan la capacidad para administrar grandes edificios multifamiliares.
- No pueden administrar con eficacia fuera de su región.
- Tal vez no cuenten con programas de entrenamiento o capacitación.
- Sus deseos de crecer podrían hacerlos aceptar propiedades a pesar de que no cuenten con las habilidades necesarias para administrarlas.
- Las casas unifamiliares y los dúplex podrían pasar a segundo lugar en presencia de clientes de dimensiones mayores.

Administraciones familiares

Ventajas

- Tienden a especializarse en propiedades unifamiliares y dúplex.
- El servicio es altamente personalizado.
- Tienen buen conocimiento del mercado local.

- Son menos costosas que las compañías más grandes.
- Pueden proporcionar mantenimiento básico.

Desventajas

- Tal vez no cuenten con sistemas sofisticados.
- No pueden absorber la pérdida de empleados.
- Sus deseos de crecer podrían hacerlos aceptar propiedades a pesar de que no cuenten con las habilidades necesarias para administrarlas.
- Tal vez no ofrecen entrenamiento ni capacitación a sus empleados.
- No pueden administrar propiedades de dimensiones medianas y grandes.
- No ofrecen administración *in situ*.

Compañías de bienes raíces

Ventajas

- Tienden a especializarse en propiedades unifamiliares y dúplex.
- Tienen buen conocimiento del mercado local.
- Tienen sistemas sofisticados de mercadeo como sitios de internet.
- Son menos costosas que las compañías de mayor tamaño.

Desventajas

- La administración no es su negocio principal.
- Tal vez no ofrezca entrenamiento ni capacitación.
- No pueden absorber la pérdida de empleados.

- No pueden administrar propiedades de dimensiones medianas y grandes.
- No ofrecen administración *in situ*.
- No forman parte de las organizaciones de comercio.
- Cubrirán la mayor parte del mantenimiento a través de fuentes externas.

Administración el propietario/ residente

Ventajas
- Es la forma más económica de administración.
- Administración *in situ*.
- Se puede usar para propiedades pequeñas.
- Puede ofrecer mantenimiento de bajo nivel.

Desventajas
- No cuenta con entrenamiento o capacitación profesional.
- La administración no es su fuente principal de ingresos.
- Carece de sistemas sofisticados.
- Carece de contacto local con proveedores.
- No forma parte de las organizaciones de comercio.
- No es confiable.

Mi compañía se especializa en la administración de grandes multifamiliares en el suroeste. Con mucha frecuencia recibo ofertas para administrar inmuebles que están fuera de mi área de especialidad, y siempre me niego a hacerlo. En mi libro anterior, *El ABC de la inversión en bienes raíces*, escribí ampliamente sobre el tema de fijarse objetivos. Creo que la llave del éxito radica en el "poder de la meta". En el caso de mi empresa, el objetivo es que seamos la compañía de administración más exitosa del suroeste.

Anteriormente hablé sobre la propiedad que adquirimos en Oklahoma. Yo no quería que nosotros administráramos esa propiedad, así que se la cedimos a los profesionales locales. Administrar la propiedad también me hubiera alejado de mi objetivo de comprar más propiedades. La adquisición del inmueble de Oklahoma es parte de un objetivo diferente, pero complementario: el de alcanzar la libertad financiera.

Si eres un inversionista y dueño de una propiedad, tienes que comenzar a buscar una compañía de administración y evaluar qué tipo de propiedad es tu inversión, cuáles son tus necesidades específicas, y encontrar la compañía adecuada que puede cubrirlas. Es una decisión importante, por lo que debes investigar bien. Como sucede con todas las buenas inversiones, si las administras bien, puedes obtener grandes recompensas al final del camino.

Capítulo 6

Empleados, sistemas y estructuras: la columna vertebral de una compañía

Existen tres elementos que engrandecen a una empresa: sus empleados, sus sistemas y su estructura. Los tres elementos deben ser excelentes para que la compañía sea exitosa. No se puede lograr uno de ellos sin los otros. Aunque tengas los mejores empleados en el mundo, no funcionarán si los sistemas con que deben trabajar no están en orden. Un maravilloso gerente no puede tener éxito si no cuenta con apoyo contable. De manera inversa, los sistemas solamente funcionan si la compañía tiene empleados capacitados que puedan utilizarlos para generar valor. La estructura de una compañía permite una interacción permanente entre los empleados y el sistema de la compañía. La estructura es lo que permite que un empleado conozca bien sus funciones y se enfoque en el éxito.

Los empleados

ENTRENAMIENTO

Durante el proceso de selección de una compañía para administrar tu propiedad, es fácil olvidar que no contratarás tan sólo a una compañía. Vas a contratar a la gente que trabaja ahí. Ése fue el error que cometieron las personas que adquirieron la propiedad de West Phoenix. Contrataron a una compañía con buena reputación, pero no miraron más allá de la primera imagen. Si hubieran tenido una entrevista con la persona que administraría su inversión, la que estaría realmente en la propiedad, tal vez lo habrían pensado dos veces. Solamente puedo decir que el individuo que la compañía emplea para administrar tu propiedad, es más importante que la empresa misma. Después de todo, con quien tratarás directamente es con el administrador, no con la compañía.

El nivel de educación que ofrece una compañía es un indicativo del tipo de empleados que tiene. Todos mis empleados reciben entrenamiento permanente cada mes. Invierto en mis empleados porque sé que la inversión se reflejará en mi negocio y en ellos.

Revisa con cuidado los sistemas de entrenamiento de la compañía que estás analizando. Una buena compañía tiene un programa de entrenamiento que se enfoca en producir empleados de primer nivel en el campo de la administración de inmuebles. Por ejemplo, Equity Residential, una de las compañías de administración más grande, cuenta con su propia "universidad". A través de la Universidad Equity, la compañía garantiza que todos sus empleados asistan y se gradúen en un programa de entrenamiento intensivo y estandarizado.

Otras compañías utilizan entrenadores corporativos. Yo elijo cada mes a una entrenadora corporativa para que trabaje con mis administradores. Ella se especializa en el desarrollo de habilidades en la administración. Lo hace de una forma entretenida e interactiva.

Puedes asumir que todas las compañías invierten tiempo para entrenar y capacitar a sus empleados, pero por desgracia, no es así. Con mucha frecuencia las empresas hacen que sus empleados se hagan cargo de su propio entrenamiento. Mantente alejado de las compañías que no estandarizan y no ofrecen entrenamiento.

SATISFACCIÓN CON EL TRABAJO

Fíjate en la capacidad que tiene la compañía para retener a sus empleados. Si hay un alto nivel de rotación de empleados, puedes apostar que algo no funciona bien internamente, esto no beneficiará a tu inversión. Las buenas compañías reconocen el valor de sus empleados y se esfuerzan por mantenerlos felices y trabajando para ella. El valor de esta lección lo aprendí de primera mano.

Tip de Padre Rico

Salario bajo = Ánimo bajo

Ánimo bajo = Ganancias bajas

Tengo una propiedad en Las Vegas, es un edificio de departamentos que, en cierto momento, convertí en condominios. Contraté a una asociación de propietarios de casas para administrar la propiedad cuando casi todos los condominios ya estaban vendidos. La diferencia entre una asociación de propietarios (HOA, por sus siglas en inglés) y una compañía administradora de multifamiliares es que la HOA solamente administra las áreas comunes de los edificios. Es así porque los departamentos pertenecen a los inquilinos. Las HOA deben estar versadas en algunos sistemas legales financieros distintos a los de otro tipo de administraciones.

En mi compañía no utilizamos la administración HOA, por lo que tuve que contratar a una compañía. Fue un desastre. Supe que estábamos en problemas cuando el administrador renunció una semana después de que contratamos a la empresa. El nuevo administrador renunció un par de meses después. Ambos renunciaron debido a problemas internos estructurales; estaban frustrados con la compañía, y consecuentemente, frustrados con su empleo. Es por eso que se fueron.

Los dueños de los condominios comenzaron a quejarse de la falta de mantenimiento, y si crees que es difícil lidiar con un propietario molesto, intenta hacerlo con 340. Las reuniones con la asociación de propietarios (HOA), se convirtieron en festines de tres horas de quejas, en los que se presentaban uno tras otro de los propietarios. Durante el tiempo que la compañía trabajó para nosotros, pasaron por ahí cinco administradores. Al final tuvimos que decir "suficiente", y despedirlos.

Sistemas

Anteriormente exploramos con detalle los sistemas sólidos de administración de propiedades y su implementación. Si no planeas administrar tu propiedad, entonces debes asegurarte de que la compañía que contratarás funciona perfectamente en esta área.

POLÍTICAS Y PROCEDIMIENTOS

Una de las mejores formas de verificar el nivel de profesionalismo de una compañía es revisar los documentos de sus políticas y procedimientos. En mi compañía, cada administrador *in situ* tiene una copia de un manual estandarizado de políticas y procedimientos. Los empleados deben saberlo de memoria, usarlo para adiestrar a su personal y para asegurar que se respeten las políticas que en él se contienen.

CONTABILIDAD

Un manual sirve para detallar los sistemas operativos *in situ*, pero también es importante determinar los sistemas que utiliza una compañía para llevar su contabilidad. Si la compañía no tiene un excelente departamento contable que trabaje con autonomía, entonces puedes estar seguro de que los empleados *in situ* no podrán realizar su trabajo adecuadamente.

Yo agradezco la suerte que tuve cuando comencé a trabajar en el negocio de administración inmobiliaria porque la compañía que me empleó tenía excelentes sistemas corporativos de contabilidad y de apoyo. Como esos campos estaban cuidados, yo podía enfocarme en administrar mis propiedades sin preocuparme de los detalles de la contabilidad. Cobraba las rentas y pagaba las facturas, y la gente de contabilidad producía reportes que me permitían tomar decisiones informadas y efectivas. No habría podido sobrevivir sin ellos.

Estructuras

La estructura de una compañía determina su habilidad para operar con éxito. Me parece que lo más importante en la estructura de una empresa es la profundidad. Siempre desconfía de una compañía que no puede absorber la pérdida de un empleado en alguna de sus áreas.

Un buen ejemplo es el de la contabilidad. La correspondencia más importante que recibirás de una compañía de administración, es tu estado financiero, mensual y anual, o sea, la boleta de calificaciones. Para este momento ya sabes lo importante que son estos reportes; son los que te dicen si tu propiedad tiene éxito o no. Te indican si tu inversión está acrecentando tu riqueza.

El personal de contabilidad produce los reportes financieros en la compañía y después éstos se deben enviar al propietario, a más tardar, el día 15 del siguiente mes. Cuando comencé en este negocio, mi compañía la conformábamos yo y una gerente en la oficina que sabía algo de contabilidad. La mayoría de las compañías de administración que te encontrarás son pequeñas como lo era la mía. Generalmente tienen entre dos y cinco empleados. En aquel tiempo, si mi contadora hubiera tenido que dejar la compañía a fin del mes, yo no habría podido entregar, de ninguna manera, los estados de cuenta a mis clientes. Habría tenido que absorber la pérdida de mi contadora.

Sin embargo, en las compañías más grandes, la pérdida de un empleado no tiene consecuencias mayores. Actualmente sigo trabajando con la misma contadora de aquellos días, ahora es mi gerente regional de contabilidad. Ha estado conmigo durante 15 años y es parte importante del crecimiento de mi negocio. Dios no quiera que se vaya, pero si eso llegara a suceder, mi compañía seguiría marchando sobre ruedas. Bajo su mando hay empleados competentes que están capacitados para redoblar esfuerzos y ayudar, además, mi director financiero podría supervisar el proceso. Los clientes recibirían sus estados financieros a tiempo y no notarían la diferencia. Una compañía grande puede absorber la pérdida de una persona clave y continuar funcionando normalmente, pero ése no es el caso de las compañías pequeñas.

Pero no me malinterpretes, con esto no quiero decir: "No contrates una administradora inmobiliaria pequeña." Es obvio que si la gente hubiera actuado así, no hubiera logrado levantar mi negocio y seguramente tú no estarías leyendo este libro. Sólo aclaro que hay muchas compañías de administración pequeñas, y alguna de ellas podría cubrir las necesidades de administración de tu propiedad perfectamente. Tal vez estas compañías tengan un problema de profundidad, pero eso no significa que sus beneficios no compensen con creces las desventajas.

Por ejemplo, si tu inversión es una propiedad habitacional unifamiliar, como en el caso de mis suegros, tu mejor opción no sería una compañía grande porque lo más probable es que se enfoque en el manejo de edificios multifamiliares. En algunos casos ni siquiera considerarán administrar una propiedad como la tuya. Así sucede con mi empresa. La razón es que se haría muy fácil no prestarle a la propiedad la atención que merece, con frecuencia se le dejaría al final de la fila. Si tengo algún problema con una cuenta multifamiliar que me genera 5 mil dólares mensuales por honorarios de administración, y un problema con la cuenta de una casa familiar que produce 100 dólares, ¿en cuál propiedad crees que me enfocaría? Una compañía pequeña estaría mucho más interesada en atender una propiedad unifamiliar y darle la atención que requiere. Quiero enfatizar mucho esto: siempre debes contratar una compañía de administración basándote en las necesidades de tu propiedad.

Finalmente, al evaluar una compañía tienes que revisar la estabilidad de su portafolio. ¿Han administrado las mismas propiedades durante varios años o su portafolio es como una puerta giratoria? Puedes estar seguro que una compañía con un portafolio que cambia constantemente, probablemente no ofrece un nivel satisfactorio de servicio.

Sección 3

¿Cómo contrato a un buen administrador de propiedades?

Capítulo 7

Contratación de un buen administrador de propiedades o de una compañía administradora

En este momento ya debes tener una comprensión mayor de la cantidad de trabajo y esfuerzo que se requiere para administrar una propiedad, y podrás considerar si puedes hacerlo. Hemos discutido las cualidades que debes tener o desarrollar, y entre ellas, la más importante es la asertividad. Ya también analizaste tu situación laboral y pudiste determinar si invertir tu tiempo es razonable y si económicamente tendrá resultados interesantes.

Si decides que no puedes administrar tu propiedad, entonces ya sabes qué atributos debes buscar al contratar a una compañía de administración inmobiliaria. Estás equipado con las herramientas necesarias para escudriñar otra propiedad y comparar sus sistemas. En este capítulo demostraré otro método invaluable para investigar a las potenciales compañías de administración.

Si leíste mi libro anterior, *El ABC de la inversión en bienes raíces*, recordarás lo que narré sobre una propiedad que adquirí en los muelles de Portland, Oregon. También recordarás todo el trabajo de investigación que hicimos para saber si debíamos adquirir el edificio. En esa sección te mostré algunos de mis métodos personales de investigación. Estos métodos los divido en tres categorías muy sencillas.

Nivel 1 de investigación   Es la investigación preliminar que puedes realizar desde casa. Incluye investigación en internet y publicaciones.

Nivel 2 de investigación   Si el nivel anterior de investigación te lleva hacia lo que quieres ver, entonces necesitarás el Nivel 2. En esta etapa te entrevistas con la gente que sabe cómo hacer las cosas. El Nivel 2 de investigación es muy valioso porque en él se verifica la información que reuniste en el Nivel 1.

Nivel 3 de investigación   Este nivel de investigación implica trabajo con los expertos que reuniste para tu equipo. Llámales y transmíteles tu información. Ellos te darán retroalimentación muy valiosa que te permitirá mantener la objetividad y perspectiva.

Nosotros teníamos el objetivo de adquirir un edificio de departamentos en Portland y operarlo a través de otra compañía de administración. Como tenía muy claro el objetivo de convertir a mi empresa en la mejor compañía de administración inmobiliaria del suroeste, pude tomar una decisión informada al contratar a otra compañía para hacerse cargo de la propiedad en Portland.

Si invertí bastante tiempo y energía en la investigación de la propiedad misma, ¿por qué no invertir la misma cantidad de energía para investigar a quienes manejarán mi valiosa inversión? Eso fue exactamente lo que hice aplicando en mi búsqueda los tres niveles de investigación.

Nivel 1 de investigación: buscar a los jugadores

El Nivel 1 de investigación es la etapa preliminar del proceso. Al inicio de la misma, ya cuentas con un perfil de tu propiedad y una lista de sus necesidades. Estás listo para comenzar a buscar compañías de administración que se ajusten a las mismas.

Cuando comencé a buscar una empresa para la propiedad en Portland, lo primero que consulté fue internet, y lo adoro. No puedo imaginarme cómo podía yo funcionar antes de contar con él. Con internet tengo en la punta de mis dedos, acceso a una cantidad increíble de información útil que hace algunos años me hubiera tomado semanas reunir.

Mi búsqueda en internet la inicié con la asociación local de departamentos, la *Rental Housing Association of Greater Portland* (RHAGP, por sus siglas en inglés). Al entrar a su sitio en la red, tuve acceso a información que me permitió contactar a cerca de 15 compañías de administración inmobiliaria. Imprimí la lista y la coloqué en un expediente.

Además, en la página de la RHAGP pude leer el boletín local y sondear a los jugadores del mercado de la zona. También imprimí copias del boletín y las añadí al expediente para poder leer todo en el avión. Esa información la utilicé para mi investigación del Nivel 2, de esa forma pude hacer más corta la lista de las personas con las que me entrevistaría en mi visita a la ciudad.

Como no quería limitarme a las compañías locales de administración, también visité en la red las páginas de algunas compañías regionales y nacionales, como Equity y HSC. Al navegar en sus sitios de internet descubrí que cada una de estas compañías tenía sucursales en Portland, y que en ellas había representantes de cuenta con quienes podría entrevistarme. También obtuve una historia general de cada empresa y una lista de las propiedades que administraban en Portland. Además, pude darme idea de su filosofía de negocios. Anoté la información y dirección de los inmuebles en la lista para visitarlos y contactar a sus dueños mientras estaba en Portland.

Establecer contacto con el propietario de un inmueble es una valiosa herramienta en tu búsqueda de una compañía de administración inmobiliaria. Es casi seguro que una persona que le ha confiado el valor de su inversión a una compañía sea sincera contigo en cuanto a las cuestiones sobre el desempeño de dicha compañía. En este caso, uno de los propietarios me informó que él estaba tratando de cambiar de empresa porque no estaba satisfecho con su desempeño. Percibí esa misma sensación con otros propietarios y usé su valiosa información para borrar de mi lista a la compañía en cuestión. ¿Recuerdas el viejo dicho, "cuando veas las barbas de tu vecino cortar, pon las tuyas a remojar"? En el caso de los bienes raíces, formular una simple pregunta a un experto te puede ahorrar millones de dólares.

Cuando tuve una visión amplia de los jugadores involucrados en el mercado arrendatario de Portland, fue el momento de enfocarme en la lista y decidir con quién quería entrevistarme durante mi viaje a la ciudad para el Nivel 2 de investigación. De nuevo, gracias a la magia de internet y de mi teléfono, pude realizar la mayor parte de esta etapa desde los cómodos confines de mi oficina.

Todas las compañías de administración inmobiliaria que había encontrado en la red contaban con un sitio de internet o un número telefónico. Cuando los llamé o navegué en sus sitios pude determinar cuáles podrían ser una buena opción para mi propiedad y cuáles no. Cuando completé la lista de compañías en la que estaba interesado, llamé a cada una y programé una cita con uno de sus representantes de cuenta. Les dije que me gustaría tener la entrevista en sus oficinas.

Nivel 2 de investigación: conocer a los jugadores

Lo primero que hice al llegar a Portland fue... ¡beber una de sus famosas cervezas! El Nivel 2 es una locura. Puedes viajar a ciudades increíbles y entrevistarte con gente maravillosa, además, todo lo puedes incluir en tus viáticos de negocios. Para mí no hay nada más divertido que viajar a un nuevo lugar, encontrarme con la gente que me ayudará a cumplir mis objetivos y confirmar o modificar la idea que tenía sobre cierto mercado.

Como mencioné anteriormente, había programado citas para conocer a las compañías administradoras antes de abandonar Portland. Tenía en mente tres compañías para la administración de la propiedad y planeaba pasar el día con cada una para observarlas y profundizar en sus operaciones. Mis objetivos eran muy claros y había varias cosas específicas que quería observar.

La visita a la oficina

Cuando piensas contratar a una compañía, siempre debes visitar sus oficinas. No se trata tan sólo de la imagen porque a nadie le importa si tienen alfombra verde y a ti te gusta el gris. El objetivo de visitar una oficina es observar la forma en que opera el negocio. También te ofrece la oportunidad de revisar algunos documentos que serán vitales en el proceso de tomar una decisión.

Mantén los ojos abiertos y observa al personal en la oficina. ¿Lucen organizados o parece un caos? ¿Se respira un aire de profesionalismo y los empleados visten correctamente? Asegúrate de ver que cuenten con un sistema pulcro y eficiente de archivo. En una compañía que visité, tenían los archivos apilados sobre mesas, y no es necesario decir que no me sorprendió. Si una compañía no puede mantener sus papeles en orden, definitivamente tampoco mantendrán una inversión en orden. Todas estas pequeñas pistas visuales te pueden dar una idea de cómo esa compañía manejará tu propiedad. Solicita que te permitan usar una de sus salas de conferencias para revisar el manual del empleado y las políticas y procedimientos en las propiedades. Lee meticulosamente estos documentos y formula todas las preguntas que surjan sobre lo que se incluye en los manuales y lo que no. Que no te dé miedo hacer preguntas fuertes, no puedes ser tímido. Esta compañía manejará una inversión muy valiosa y debes investigar cuanto sea posible.

Entrevístate con el administrador y el administrador de inventario que serán asignados a tu propiedad en caso de contratar a la compañía. Recuerda lo que dije anteriormente: más que contratar a una empresa, estás contratando a la gente que estará físicamente en el inmueble. Indaga sobre su preparación, su experiencia en la industria, sus certificaciones y solicita una lista de referencias.

Pregunta sobre los sistemas de educación implementados en la compañía y determina si la empresa forma parte de la asociación de comercio local. Pídeles que te expliquen su filosofía respecto al entrenamiento. Con mucha frecuencia, cuando los empleados reciben algún entrenamiento o curso, al final se les entrega un certificado. Solicita que la gente que trabajará en tu propiedad te muestre esos certificados. Te sorprenderá, pero es muy común que una empresa se jacte de entrenar a sus empleados constantemente aunque no sea verdad. No puedes confiar solamente en la palabra de una compañía, tienes que verificar.

Por supuesto, necesitarás revisar los sistemas de contabilidad de la empresa; deben estar inmaculados. No te involucres con una compañía que no tiene excelente personal de contabilidad. Investiga qué programas de computación utiliza. Uno de los beneficios extras de contratar una compañía de administración es que debe contar con un sofisticado sistema de software financiero para ofrecerle al propietario un servicio financiero del más alto nivel. Si tiene sus reportes en hojas ordinarias de Excel, tal vez debas reconsiderar contratarlos.

Habla con el gerente de contabilidad, pregúntale qué tipo de reportes te enviará mensual y anualmente. Sondea el nivel de experiencia y adiestramiento del gerente y sus subordinados.

Investiga qué tipo de servicios financieros ofrece la empresa. ¿Pueden realizar el pago de tu hipoteca? ¿Se encarga de las garantías de seguros e impuestos? Si cuenta con sistemas sofisticados de contabilidad, es más probable que puedas disfrutar de tu inversión sin que tengas que estar a cargo personalmente. De esa forma podrás invertir más y permitirte algún pasatiempo. El punto central de la administración de propiedades es que la compañía te quite de encima el peso de lidiar con los detalles operativos del inmueble. Verifica que la compañía abra cuentas separadas para cada propiedad y que no haya mezcla de fondos. Investiga cómo cobra y administra tu dinero.

También debes solicitar una lista que detalle todas las propiedades que administra, pide la lista completa. En muchas ocasiones la compañía te ofrecerá una lista selecta que solamente muestra sus mejores propiedades y a los clientes más contentos. Pero tú quieres conocer lo bueno, lo malo y lo feo.

Toma un día para visitar las propiedades de la lista y haz el mismo tipo de observaciones que llevaste a cabo en las oficinas. No hay nada que te pueda describir mejor la forma en que una compañía tratará tu propiedad que visitar los inmuebles que ya tienen bajo su control. A esto le llamamos "cazar" una propiedad. La caza siempre se debe hacer anónimamente porque nunca tendrás una visión real de la compañía si le anuncias a todo mundo que eres un cliente potencial.

A continuación presento algunos de los elementos que de verdad debes observar cuando "caces" una propiedad o a algún empleado. Ésta es la lista que se usa normalmente para las propiedades más grandes, pero recuerda que el tamaño no importa, ya que la mayoría de los conceptos enlistados señalan cuestiones obvias de servicio al cliente y entrenamiento de empleados. Debes visitar las propiedades incluso si no estás interesado en contratar una compañía grande. Visítalas porque para conseguir una buena visión de cómo maneja una compañía una propiedad es importante revisar la condición externa de las mismas.

Estado de la propiedad

- En cuanto llegues a la propiedad observa en qué condiciones se encuentran los jardines. ¿Es agradable o se debe podar el pasto y hay maleza surgiendo por todos lados?
- Asegúrate que la propiedad esté limpia. Verifica que no haya basura tirada por ahí.
- Observa el estado de los edificios y pon atención especial a cualquier tipo de mantenimiento que obviamente se haya postergado y factores de importancia como ventanas rotas, daño en el revestimiento (yeso fino) y los entablados, pintura vieja y otros signos de negligencia.

Club

- En las propiedades grandes es común encontrar un club que generalmente cuenta con áreas comunes para uso de los inquilinos, así como instalaciones para las oficinas del personal administrativo.
- Pregúntate cuál fue la primera impresión que tuviste al entrar en el club. ¿Está aseado y sin basura?
- ¿Resulta fácil saber en dónde están ubicadas las oficinas de arrendamiento o tienes que andar por ahí con la esperanza de encontrar a alguien que te indique el camino? No hay nada peor a que un inquilino potencial que lleva todo el día viendo departamentos, se frustre porque no puede encontrar a un agente o representante de la empresa.
- Observa si tienen material impreso como planes, folletos y listas de precios que los inquilinos potenciales puedan revisar.

Empleados

- Al ingresar a una oficina de arrendamiento, de inmediato debe acercarse alguien a atenderte.
- Observa a los empleados y fíjate en su vestimenta y comportamiento. Una buena compañía tiene empleados que se visten con profesionalismo, que se muestran llenos de energía y dan la impresión de estar muy emocionados de mostrarte la propiedad.

- Si tienes oportunidad, fíjate en la forma en que el personal interactúa con los inquilinos cuando entran a la oficina. Lo mejor es "cazar" una propiedad el primer día del mes porque todos estarán yendo a pagar la renta.
- Haz muchas preguntas, asegúrate de que los empleados estén bien informados, no sólo de la propiedad, sino de las políticas y procedimientos de la empresa. A menos que haya sido contratado recientemente, si un agente no puede darte los precios de los planes sin mirar su acordeón, o decirte cuántos departamentos hay en el edificio, esa puede ser una mala señal.

Colaterales/ Materiales de ventas

- En las propiedades más grandes generalmente hay materiales de venta como folletos, volantes y tarjetas de presentación.
- Asegúrate que los materiales tengan una apariencia profesional y que no sean fotocopias hechas en casa. Recuerda que todos los elementos colaterales representan un factor relevante para el cliente en la primera impresión porque la gente no solamente renta un departamento sino un estilo de vida.
- Los materiales de venta deben colocarse en un lugar abierto y accesible.

Recorridos/maquetas

- Verifica la precisión de estos materiales. No hay nada peor a que un agente te diga que el precio de la renta o arrendamiento difiere del precio impreso en el folleto. Los materiales que no están actualizados son una fuerte señal de pereza.
- Probablemente el factor que determine si un inquilino en potencia rentará o no, es la visita a los departamentos.
- Asegúrate de que la persona que te llevará en el recorrido tome toda tu información y llene una tarjeta de visitante.
- Solicita que te muestren las maquetas de los departamentos en renta y fíjate en la presentación de ventas.
- Observa el estado de las maquetas o de los departamentos. ¿Están aseados y tienen buen estilo? ¿Te hacen sentir emocionado por vivir en esta comunidad o son poco memorables?
- La persona que guía el recorrido, ¿tiene control de la situación o luce incómoda?
- De nuevo, haz muchas preguntas. No los interrogues pero fíjate si el empleado sigue atento a tus preguntas o si parece impaciente.
- Después del recorrido, el agente de ventas debe tratar de que firmes de inmediato. Debe cerrar el trato.

Oficina

- No necesariamente tienes que solicitar el departamento, pero sí debes sentarte con el agente y mostrar interés.
- Fíjate en qué condiciones está la oficina. ¿Hay archivos apilados por todas partes, tazas de café a medias y papeles desordenados sobre el escritorio? ¿Tienen que hacer un espacio para que te sientes? Todos los signos de desorganización son malos.

Después de que hayas visitado las oficinas de la administración, hablado con el personal, recibido consejo de los propietarios, revisado las políticas y procedimientos, y visitado y "cazado" propiedades muestra, tendrás una buena idea de qué compañía sería la adecuada para administrar tu propiedad. En ese momento deberás tomarte una o dos cervezas del lugar y visitar alguna atracción local ante de dirigirte de vuelta a casa para el Nivel 3 de investigación.

Nivel 3 de investigación: escoge a tu jugador

El proceso de seleccionar una compañía de administración de propiedades es parecido a un draft de la NBA.

Los jugadores de la NBA son bienes valiosos; piensa en todo el trabajo y preparación que se requiere para seleccionar a un jugador de la NBA. Algunos equipos observan a los jugadores desde que están en la preparatoria y hasta que llegan a la universidad, si es que llegan. En algunos casos menos comunes, se observa la carrera de los jugadores desde la secundaria.

Los equipos envían a sus cazadores de talentos por todo el país. Les pagan salarios muy altos, los hospedan en hoteles caros y les ofrecen comidas excepcionales. Todo esto con el objetivo de que estos cazadores puedan determinar a qué jugador seleccionará el equipo para, en algún momento, pagar salarios más altos, hospedarlos en hoteles más caros y alimentarlos con comidas aún más excepcionales. Los equipos de la nba invierten mucho dinero en investigación solamente para seleccionar a un jugador que los llevará al siguiente nivel.

¿Por qué tanto alboroto? La nba es un negocio multimillonario y cuando van a la mesa de selección a escoger un jugador, las apuestas son muy altas. Tal vez creas que los salarios de los jugadores están fuera de control, y tal vez estés en lo cierto. El hecho es que los jugadores, si juegan bien, les generan a los propietarios una cantidad enfermiza de dinero. Si los dueños hacen una buena elección, todo el dinero que invirtieron en la investigación regresará a ellos multiplicado varias veces. Por desgracia, las estadísticas no siempre son tan buenas.

Cuando se selecciona una compañía, las estadísticas están más a tu favor. No obstante, las apuestas también son altas. Si no investigas a profundidad, o de plano no investigas, entonces los resultados te podrían dejar pasmado. ¿Recuerdas la propiedad en el oeste de Phoenix que mi compañía administró por la relación que teníamos con el dueño? Ésa era una propiedad de 100 departamentos solamente, y les costó millones de dólares. No escogieron al jugador adecuado y debido a eso, la propiedad falló.

Tengo que enfatizar que cuando se selecciona a otra compañía, es imperativo que tomes una decisión informada y bien meditada. También por eso es importante que consultes a tu equipo y no te guíes exclusivamente por tus observaciones. Uno de los principios básicos de los negocios dicta que necesitas otros ojos. Incluso cuando escribo un libro, le pido a docenas de amigos que revisen los borradores y me den una opinión sincera. Si yo sólo terminara de escribir y dijera: "Quedó lo mejor que se pudo", no podría sentirme satisfecho del borrador final.

El Nivel 3 de investigación es la etapa en que tu equipo de expertos podrá revisar tus hallazgos. Habla con tus expertos en administración y muéstrales tu opinión sobre las compañías seleccionadas. Seguramente ellos notarán detalles que tú podrías haber soslayado. Solicita a tu abogado que revise los contratos, así podrás notar cualquier trampa oculta. Llama y habla con gente de la industria en el mercado donde se localiza tu propiedad. Ellos cuentan con buena información sobre las compañías del área y podrán ayudarte a confirmar o modificar tus conclusiones. Te puedo asegurar que, al hacer esto, podrás retirar algunas compañías de tu lista y te sentirás más seguro de haber tomado la decisión correcta respecto al nuevo jugador para tu equipo de inversión.

Gracias al cielo, el costo de tu investigación es tan sólo una fracción de lo que la NBA invierte en su búsqueda. Los mayores costos son los de boleto de avión y hotel. Pero en realidad son gastos pequeños comparados con los beneficios que podrías obtener de una buena compañía de administración. A mí me fascina el proceso de investigación y creo que a ti también te gustará.

El contrato de administración

Cuando hayas completado los tres niveles de investigación y tengas una compañía de administración para tu propiedad, estarás en la etapa de contratación. En esta etapa debes negociar el contrato.

Antes que nada debes hacer que un abogado revise cualquier contrato que vayas a firmar. El abogado podrá decirte inmediatamente si una compañía está tratando de desplumarte con cláusulas ocultas o estructuras truculentas de honorarios.

Dicho lo anterior, sólo quedan unos cuantos elementos que siempre debes cuidar al revisar el contrato.

Estructura de los honorarios

Jamás firmes un acuerdo que contenga una estructura de honorarios fija. Si la compañía no está dispuesta a apostarle al éxito de tu propiedad, lo más probable es que no valgan ni siquiera lo del papel en que está escrito el contrato. Una compañía que cobra un porcentaje del ingreso de la propiedad, tendrá una motivación para reunir la mayor cantidad de ingreso. Eso significa más dinero en sus bolsillos y en el tuyo. Es por eso que la llamo una relación simbiótica.

Además, es importante recordar que los porcentajes varían dependiendo del mercado en donde se encuentra tu propiedad. Si todas las compañías de administración del mercado cobran cerca de seis por ciento por un edificio de 100 departamentos, pues no debes negociar ninguna cifra por abajo de cuatro por ciento. Es tu responsabilidad conocer el mercado y determinar cuál sería un porcentaje justo.

Sistemas de contabilidad

El contrato debe ser claro respecto a la fecha en que se cobrará la renta, cuándo se depositará y en dónde. Es importante que tu dinero no se mezcle con el de otra propiedad del portafolio de la compañía.

Determina si el contrato estipula que tú tienes el control financiero de la propiedad y que puedes establecer los lineamientos para los hábitos de gasto de la misma. De acuerdo con el presupuesto aprobado, debe ser claro cuándo te enviarán los reportes mensuales y anuales. La fecha siempre debe tener como límite el día 15 de cada mes para la entrega de las operaciones del mes anterior. Las tarifas de las rentas y la fecha de cobranza también deben ser totalmente claras.

RESPONSABILIDADES

El contrato de administración también debe estipular con claridad las responsabilidades de la empresa y debe tener salidas legales para ti, el propietario, en caso de que la empresa no cumpla con sus obligaciones. Recuerda la importancia de que todo esté por escrito. No permitas las generalizaciones, es mucho mejor para ti y para la compañía que el contrato explique de manera detallada lo que se espera de ambos interesados.

VENCIMIENTO

Finalmente, es necesario que haya una fecha clara de vencimiento del contrato. No firmes ningún acuerdo que te ate por varios años a un contrato porque, en el caso de rescindirlo, serías penalizado. El término del contrato debe ser cómodo para ti y cubrir las necesidades del inmueble. Verifica si el contrato tiene alguna cláusula de renovación automática. Estas cláusulas no son necesariamente malas, pero tú eres quien debe recordar la fecha para evaluar el desempeño de la compañía antes de que la renovación entre en efecto.

Propietario y Compañía de administración inmobiliaria: una relación simbiótica

En resumen, recuerda que tú eres responsable de tu propiedad y de la forma en que opera. Una buena compañía podrá quitarte un peso de encima, pero no creas que puedes desaparecer por completo y después culpar a la compañía si algo sale mal.

Una de las bondades de contar con una compañía profesional de administración es que no tienes que sudar por cada detalle. En lugar de eso, puedes enfocarte en algunos ámbitos que te interesen, como la situación financiera. Reúnete periódicamente con tu equipo de administración y solicítales que te actualicen respecto a la propiedad. De esa forma también podrás expresar cualquier preocupación que tengas.

Si sigues estos pasos y haces la tarea, podrás disfrutar de la relación simbiótica de propietario y compañía de administración. El valor de tu inversión crecerá y tendrás más libertad de entregarte a tus gustos personales mientras la riqueza se multiplica. No puedo imaginarme nada mejor que eso.

Conclusión

Ahora que has llegado al final de este libro, debes tomar una decisión. ¿Contratarás a una compañía de administración para que se haga cargo de tu inversión o lo harás tú mismo? Te he dado las herramientas necesarias para evaluar tus necesidades y decidir lo mejor.

No importa si escoges administrar la propiedad tú mismo o contratar a una compañía, el hecho es que, invariablemente, una administración pobre da como resultado una ganancia pobre.

Este libro te ha otorgado el poder de cambiar la historia de tus inversiones en bienes raíces. Te prometo que si utilizas los principios sólidos de administración de propiedades que aparecen en estas páginas, o si contratas a una compañía que lo haga, se incrementará el valor de tu inversión. Siempre recuerda que la fórmula puede ser simple ¡pero los detalles no lo son!

Tip de Padre Rico

Incrementa el ingreso y disminuye el gasto.

Ésta es la forma más segura de que tu inversión en bienes raíces sea todo un éxito y de que puedas construir riqueza y vivir en libertad.

Cuando hablo de vivir en libertad, no sólo me refiero a la libertad en términos financieros, también me refiero a pasar tiempo con tu familia, viajar, entregarte a tus gustos. Eso es lo que verdaderamente deseamos el equipo de Padre Rico y yo para ti y para tu familia.

Muestrario de solicitudes, contratos y formularios*

A continuación encontrarás una selección de solicitudes, contratos y formularios que te pueden ser útiles. Ten en cuenta que son solamente una guía; al redactar este tipo de documentos siempre deberás considerar tus necesidades específicas y consultar a tu propio asesor legal. Encontrarás éste y otros materiales en www.kenmcelroy.com.

---

* Nota del editor: los siguientes documentos se tradujeron con la mayor fidelidad posible, respetando los términos legales y financieros, sin embargo, el uso y aplicación de los formularios y contratos se limita exclusivamente a Estados Unidos, por lo que el editor y el traductor se deslindan de cualquier responsabilidad por el uso incorrecto de los mismos.

PRIMER NÚMERO DE CONTACTO DEL SOLICITANTE: _____

Dirección de la propiedad _____

APELLIDO DEL SOLICITANTE	NOMBRE	M/I	NO. SEGURO SOCIAL	FECHA DE NACIMIENTO	NO. DE LICENCIA Y LUGAR DE EMISIÓN
APELLIDO DEL SOLICITANTE	NOMBRE	M/I	NO. SEGURO SOCIAL	FECHA DE NACIMIENTO	NO. DE LICENCIA Y LUGAR DE EMISIÓN

OTRAS PERSONAS QUE OCUPARÁN LA PROPIEDAD	NOMBRE COMPLETO	RELACIÓN	FECHA DE NACIMIENTO	NOMBRE COMPLETO	RELACIÓN	FECHA DE NAC.
	NOMBRE COMPLETO	RELACIÓN	FECHA DE NACIMIENTO	NOMBRE COMPLETO	RELACIÓN	FECHA DE NAC.
	¿TENDRÁ MASCOTA EN LA PROPIEDAD?		TIPO	RAZA	PESO	

HISTORIAL DE RESIDENCIA

DOMICILIO ACTUAL	DEPT.	CIUDAD	ESTADO	FECHA DE OCUPACIÓN ENTRADA SALIDA
ARRENDADOR/COMPAÑÍA HIPOTECARIA/COMUNIDAD DE VIVIENDAS		PAGO MENSUAL	TELÉFONO CON CLAVE	CASA PROPIA RENTA
DOMICILIO ANTERIOR	DEPT.	CIUDAD	ESTADO	FECHA DE OCUPACIÓN ENTRADA SALIDA
ANTERIOR ARRENDADOR/COMPAÑÍA HIPOTECARIA/COMUNIDAD DE VIVIENDAS		PAGO MENSUAL	TELÉFONO CON CLAVE	CASA PROPIA RENTA
RESIDENCIA DEL CÓNYUGUE SI ES DISTINTA DEPT.		CIUDAD	ESTADO	FECHA DE OCUPACIÓN ENTRADA SALIDA
ARRENDADOR/COMPAÑÍA HIPOTECARIA/COMUNIDAD DE VIVIENDAS		PAGO MENSUAL	TELÉFONO CON CLAVE	CASA PROPIA RENTA

HISTORIA LABORAL

NOMBRE DEL EMPLEADOR ACTUAL	TELÉFONO CON CLAVE		SUPERVISOR INMEDIATO/RECURSOS HUMANOS
DOMICILIO	INICIO/FINAL	PUESTO ACTUAL	SALARIO MENSUAL BRUTO (ANTES DE IMPUESTOS)
NOMBRE DEL EMPLEADOR ANTERIOR	TELÉFONO CON CLAVE		SUPERVISOR INMEDIATO/RECURSOS HUMANOS
DOMICILIO	INICIO/FINAL	PUESTO	SALARIO MENSUAL BRUTO (ANTES DE IMPUESTOS)
NOMBRE DEL EMPLEADOR DEL CÓNYUGE	TELÉFONO CON CLAVE		SUPERVISOR INMEDIATO/RECURSOS HUMANOS
DOMICILIO	INICIO/FINAL	PUESTO	SALARIO MENSUAL BRUTO (ANTES DE IMPUESTOS)
NOMBRE DEL EMPLEADOR DEL ANTERIOR DEL CÓNYUGE	TELÉFONO CON CLAVE		SUPERVISOR INMEDIATO/RECURSOS HUMANOS
DOMICILIO	INICIO/FINAL	PUESTO	SALARIO MENSUAL BRUTO (ANTES DE IMPUESTOS)
INGRESOS ADICIONALES DE OTRAS FUENTES. POR FAVOR ENLISTE ABAJO	CANTIDAD		

INFORMACIÓN PERSONAL

¿USTED O SU CÓNYUGE HAN SIDO DESALOJADOS? SÍ___ NO___	¿ALGUNA VEZ A INCUMPLIDO UN CONTRATO? SÍ___ NO___		
¿USTED O SU CÓNYUGE HAN SIDO PROCESADOS POR ALGÚN DELITO? SÍ___ NO___	¿ALGUNA VEZ HA SIDO PROCESADO POR DELITOS RELACIONADOS CON DROGAS? SÍ___ NO___		

NOMBRE DEL PARIENTE MÁS CERCANO DEL SOLICITANTE	TELÉFONO	DOMICILIO	CIUDAD	ESTADO	C.P.
NOMBRE DEL PARIENTE MÁS CERCANO DEL CÓNYUGE	TELÉFONO	DOMICILIO	CIUDAD	ESTADO	C.P.
CONTACTO EN CASO DE EMERGENCIA	TEL. OFICINA	TEL. CASA	DOMICILIO	CIUDAD	ESTADO C.P.

¿Quién de los anteriores está autorizado para retirar y/o almacenar todas las pertenencias de los inquilinos y/o recibir correo en caso de enfermedad seria o muerte del inquilino (indique todos los que pueden)? Pariente más cercano del solicitante

PARIENTE MÁS CERCANO DEL CÓNYUGE   CONTACTO EN CASO DE EMERGENCIA

¿CÓMO SUPO DE ESTA COMUNIDAD? _____

ESTOY ENTERADO DE QUE NO ADQUIERO NINGÚN DERECHO SOBRE EL DEPARTAMENTO EN TANTO NO HAYA FIRMADO EL CONTRATO Y REALICE UN PAGO POR DERECHO DE APARTADO POR LA CANTIDAD DE $_____
DESPUÉS DE LA APROBACIÓN DEL ARRENDAMIENTO Y DE LA FIRMA DE UN ACUERDO DE ARRENDAMIENTO DEL DEPARTAMENTO, DICHA CANTIDAD PODRÁ SER ACREDITADA CONTRA, YA SEA MI DEPÓSITO NO REEMBOLSABLE Y/O EL PRIMER MES DE RENTA A CONSIDERACIÓN DEL ARRENDADOR DE DICHO DEPARTAMENTO EN LA COMUNIDAD MENCIONADA, EN ESTE ACTO RENUNCIO A RECLAMAR LA DEVOLUCIÓN DEL PAGO POR DERECHO DE APARTADO, EL CUAL SE UTILIZARÁ PARA PAGAR LOS DAÑOS Y PERJUICIOS EN CASO DE QUE DECIDA NO CELEBRAR EL CONTRATO QUE AQUÍ SOLICITO.
EN CUMPLIMIENTO CON LAS LEYES ESTATALES Y FEDERALES DE CRÉDITO, POR ESTE MEDIO SE LE INFORMA QUE PUEDE INICIARSE UNA INVESTIGACIÓN DE LAS DECLARACIONES REALIZADAS EN LA SOLICITUD DE ARRENDAMIENTO DEL DEPARTAMENTO MENCIONADO ANTERIORMENTE. TAMBIÉN SE PODRÍAN INVESTIGAR SU PERSONA, REPUTACIÓN, MODO DE VIDA Y CARACTERÍSTICAS PERSONALES. SI SU SOLICITUD FUERA RECHAZADA, TIENE USTED EL DERECHO A INICIAR UNA CONTROVERSIA SOBRE LA INFORMACIÓN REPORTADA. A TRAVÉS DE UNA SOLICITUD POR ESCRITO, USTED TIENE DERECHO A QUE SE LE PROPORCIONE UN REPORTE COMPLETO Y PRECISO SOBRE LA NATURALEZA Y ALCANCE DE LA INVESTIGACIÓN, ASÍ COMO UN RESUMEN POR ESCRITO DE SUS DERECHOS Y MEDIOS DE DEFENSA DE CONFORMIDAD CON LA LEY DE REPORTE DE CRÉDITOS.

LOS SOLICITANTES DECLARAMOS QUE, HASTA DONDE SABEMOS, TODA LA INFORMACIÓN DECLARADA ES VERDADERA Y COMPLETA Y AUTORIZAMOS LA INVESTIGACIÓN A EFECTO DE QUE SE OBTENGAN TODOS LOS REPORTES Y VERIFICACIONES NECESARIOS PARA REVISAR LA INFORMACIÓN MANIFESTADA EN LA PRESENTE SOLICITUD Y PROVEER TODA LA INFORMACIÓN AL ARRENDADOR SEÑALADO ARRIBA. TODA INFORMACIÓN FALSA, FRAUDULENTA O AMBIGUA SERÁ CAUSA SUFICIENTE PARA NEGAR EL ARRENDAMIENTO O EN SU CASO, EFECTUAR EL POSTERIOR DESALOJO.

PAGO NO REEMBOLSABLE REALIZADO POR SOLICITUD $ _____

FIRMA DEL SOLICITANTE: _____   **FECHA DE SOLICITUD:** _____

FIRMA DEL SOLICITANTE: _____   **FECHA DE SOLICITUD:** _____

REPRESENTANTE DEL PROPIETARIO: _____   **FECHA DE RECEPCIÓN:** _____

ADENDA DE MASCOTAS

Propiedad: _____   **Departamento #:**_____

Inquilino(s): _____   _____

_____   _____

_____   _____

_____   _____ Los inquilinos certifican no tener mascota en este momento

_____ **Inicial(es)**   _____ Los inquilinos certifican no tener mascota en este momento

El propietario permite que el inquilino tenga las siguientes mascotas en la vivienda:

Nombre	Raza/Descripción	Edad	Peso	Color

La administración permite al inquilino tener una mascota en la vivienda, siempre y cuando el inquilino comprenda y esté de acuerdo en obedecer las políticas actuales de la administración respecto a las mascotas, tal y como se describe a continuación:

La administración podrá determinar discrecionalmente cualquier falta o incumplimiento al siguiente contrato y desalojar permanentemente a la mascota del inmueble en cuanto reciba aviso escrito de que el permiso se ha revocado.

A. El Inquilino solamente podrá conservar el tipo, tamaño y número de mascotas autorizadas por el Administrador de la propiedad a la firma de la presente adenda. Cualquier cambio en el status de la mascota deberá reportarse al Administrador para su aprobación y autorización.

   El número permitido de mascotas en esta propiedad es dos (2)
   Hay un límite de 15 kilos por mascota
   Las razas prohibidas son las siguientes:
   Doberman, Pinscer, Rottweiller, Staffordshire terrier (Pit-bull), Chow y Pastor Alemán.

   Además del depósito de seguridad del departamento arrendado, el Inquilino pagará un depósito reembolsable de $ _____ por mascota. La renta adicional no reembolsable por mascota de _____ no se devolverá bajo ninguna circunstancia. Los depósitos por mascotas están sujetos a devolución en cuanto el inquilino abandone la propiedad. Todos los daños causados por las mascotas se deducirán del depósito por mascotas y el resto se reembolsará dentro del periodo establecido siempre y cuando no existan otros adeudos (renta, honorarios legales o daño no provocado por mascotas). En el caso de que el depósito por mascota no sea suficiente para cubrir los gastos de los daños ocasionados por la mascota, el Inquilino está de acuerdo en realizar un pago inmediato al Arrendador o a su agente de cobranzas.

B. Además de la renta del departamento, habrá una cuota adicional mensual por mascota de _____ por mascota.

C. El inquilino no permitirá en ningún momento que la mascota esté fuera del departamento sin cadena o sin el control y presencia inmediatos de un responsable. Las cadenas no deberán tener una longitud mayor a 2 metros.

D. La presencia de cualquier mascota en el edificio, sin cadena o sin el inquilino disponible para retirarla, causará que los empleados municipales lleven a la mascota a la perrera municipal.

E. El inquilino paseará a su mascota solamente en las áreas que el Administrador indique. Dichas áreas no incluyen jardines, lavandería, piscina, club u otras áreas recreativas. En ningún momento podrá el inquilino atar la mascota al área de recepción, árboles u otro ornamento del inmueble.

   Si en cualquier momento la mascota defecara en el inmueble, el inquilino retirará y desechará INMEDIATAMENTE el excremento en los depósitos para este propósito. De no hacerlo, resultará en una multa de _____ por incidente. Si el problema continúa, se podrán realizar acciones de desalojo contra el inquilino.

F. Si en opinión de la administración las mascotas molestaran a los vecinos de alguna forma (por ladrar, aullar, rascar o por ruido causado por el tráfico excesivo), o si hubiera algún otro incumplimiento del contrato, la administración podrá revocar inmediatamente los privilegios de mascota. En el caso de que así sea, el inquilino perderá su derecho a reclamar el depósito.

H. Los gatos deben permanecer en el interior y estar entrenados para usar caja de arena. Se pueden solicitar pruebas de que el animal ha sido castrado/esterilizado.

I.   El Inquilino/a declara que su mascota no es de naturaleza agresiva y que indemnizará al arrendador y lo eximirá de cualquier responsabilidad por los daños o heridas causados por la misma. En el caso de daño por la mascota, el Inquilino se hace responsable de cualquier/todos los honorarios legales y gastos de juicio que se generen por dicha reclamación.

J.   Se puede solicitar al Inquilino que presente pruebas de vacunación proveídas por un veterinario con cédula, si fuese requerido por la administración.

Firma del Inquilino	Fecha	Firma del Inquilino	Fecha

Firma del Inquilino	Fecha	Firma del Inquilino	Fecha

Firma del representante del propietario/Representante de la Administración	Fecha

Formato de costos por ocupación y acuerdo por el depósito

¡Bienvenido a su nuevo hogar! Su nueva dirección será:

Inquilino(s): _____   Lugar de estacionamiento #: _____
_____   Garage #: _____
_____   Bodega#: _____

Fecha de ocupación: _____   Vencimiento del contrato: _____
Periodo del contrato: _____

El siguiente es un desglose de sus pagos mensuales por renta, depósitos y cuotas de ocupación.

PAGOS MENSUALES	
Renta	
Estacionamiento	
Mascotas	
Otros	
SUBTOTAL	
Impuesto	
TOTAL	

DEPÓSITOS	
Seguridad	
Mascotas	
Control remoto/tarjetas de acceso	
Gimnasio/salón de fiestas	
Seguridad adicional	
Otros	
TOTAL	

CUOTAS	
Administración	
Solicitud	
Mascotas	
Otros	
SUBTOTAL	
Impuesto	
TOTAL	

RESUMEN DEL TOTAL POR OCUPACIÓN	
Renta prorrateada de _____ a	
Ocupación después del 20 del mes – renta por:	
Fecha para tarifas no-reembolsables:	
Especial de ocupación _____	
Tasa de impuestos:	
SUBTOTAL	
Depósitos reembolsables	
A menos que sean pagados el: Tarjeta de crédito #	
A menos que sean pagados el: Tarjeta de crédito #	
Total que debe ser cubierto antes de la fecha de ocupación (en caso de cheque, que sea certificado exclusivamente, por favor):	

Los siguientes servicios deberán ser pagados por el inquilino:

- Teléfono y servicio de internet
- Energía eléctrica
- Agua, alcantarillado y basura
- Cable e Internet

Información importante sobre su solicitud y la ocupación:

- **Las llaves se entregan después de las 4:00 pm.** Sábados y domingos sólo se hará en horas de oficina.
- El pago por derecho de apartado se reembolsa en las primeras 48 horas. La tarifa por solicitud no es reembolsable.
- Antes de la ocupación se requieren firmas originales de todos los interesados en el contrato de arrendamiento.
- He sido notificado de todos los requisitos de ocupación
- Se debe entregar el estado de cuenta de energía eléctrica en el momento de la ocupación.
- **Para autorizar la ocupación se requieren el pago del recibo y una copia de identificación con fotografia.**

He leído la información anterior y estoy de acuerdo:

_____   _____
Firma del solicitante: Fecha   Firma del solicitante: Fecha

_____   _____   _____
Firma del solicitante: Fecha   Firma del solicitante: ·   Fecha   Representante de la Administración: Fecha

_____   _____
Firma del solicitante: Fecha   Firma del solicitante: Fecha

REPORTE DE INSPECCIÓN EN LA OCUPACIÓN Y DESOCUPACIÓN

Propiedad: _____   Depto. #: _____

Inquilino(s): _____   _____

_____   _____

Fecha de ocupación: _____   Fecha de inspección en desocupación: _____   Verificación de servicios: _____

Cuenta #: _____

ARTÍCULO	ESTADO EN OCUPACIÓN	ESTADO EN DESOCUPACIÓN	CARGOS
COCINA Y COMEDOR			
Pisos			
Paredes/techo			
Gabinetes			
Estufa/horno/asador			
Capota/campana			
Horno de microondas			
Refrigerador			
Lavaplatos			
Basurero			
Fregadero y barra			
Ventanas/cortineros/pantallas			
BAÑO			
Pisos/alfombra			
Paredes/techo			
Gabinetes			
Lámparas			
Extractor			
Lavabo y gabinete			
Tina/regadera			
Mosaico y lechada			
Ventanas/cortineros/pantallas			
Toalleros			
RECÁMARA 1			
Pisos/alfombra			
Paredes/techo			
Lámparas			
Ventilador del techo			
Pantallas			
Clósets/puertas			
Cortinas/persianas			
RECÁMARA 2			
Pisos/alfombra			
Paredes/techo			
Lámparas			
Ventilador del techo			
Pantallas			
Clósets/puertas			
Cortinas/persianas			
BALCÓN/PATIO/ZONA DE ALMACENAMIENTO			

He inspeccionado la unidad mencionada antes de ocuparla y la acepto en las condiciones que se indican. También entiendo que al dejar el departamento mencionado, se estimarán los cargos por limpieza/reemplazo o reparaciones necesarias.

Firma del Inquilino	Fecha	Firma del Inquilino	Fecha
Firma del Inquilino	Fecha	Firma del Inquilino	Fecha
		Firma del representante del propietario/Representante de la Administración	Fecha

REPORTE DE INSPECCIÓN EN LA OCUPACIÓN Y DESOCUPACIÓN
Cont. p. 2

Costos por limpieza y reparación

Si antes de abandonar el inmueble no se asean y se dejan en orden y buen funcionamiento los artículos descritos abajo, o si algún artículo faltara o fuese dañado a tal punto que requiriera ser reparado o reemplazado, se deducirán las cantidades mencionadas abajo del depósito de seguridad. Si el depósito fuera insuficiente para cubrir los cargos, se le facturará por la diferencia al inquilino. Los costos que se presentan son solamente estimados. Si el propietario incurriera en algún gasto mayor por la limpieza o reparación de algún artículo, el inquilino será responsable de cubrirlo.

Por favor note que esta lista no incluye todos los artículos y que se le podría cobrar por la limpieza o reparación de artículos no incluidos en ella.

ESTIMADO DE GASTOS POR LIMPIEZA Y REPARACIÓN

	LIMPIEZA	REEMPLAZO/REPARACIÓN
COCINA		
Pisos	$10-$50	$750-$1,100
Paredes/techo	$15-$30	(Unidad completa)
Gabinetes	$5-$15	
Estufa/horno/asador	$15-$30	
Capota/campana	$5-$15	
Horno de microondas	$5-$15	
Refrigerador	$5-$15	
Lavaplatos	$5-$15	
Basurero	$5-$15	
Lámparas	$5-$15	
Fregadero y barra	$5-$15	
Ventanas/cortineros/pantallas	$5-$15	$35-$250
Cortinas/persianas	$5-$15	
Lavadora/secadora	$5-$15	
ESTANCIA, COMEDOR Y PASILLOS		
Pisos/alfombra	$15-$50	Ver arriba
Paredes/techo	$15-$30	
Lámparas	$5-$15	
Ventanas/cortineros/Pantallas	$5-$15	$35-$250
Cortinas/persianas	$5-$15	
Chimenea	$5-$15	
Plataformas de las alarmas	$150	
Ventilador del techo	$5-$15	
BAÑO		
Pisos	$5-$15	Ver arriba
Paredes/techo	$15-$30	
Gabinetes	$5-$15	
Lámparas	$2-$10	
Lavabo y gabinete	$5-$15	
Tina/regadera	$5-$15	
Ventanas/cortineros/Pantallas	$5-$15	$35-$250
Toalleros	$15-$30	
RECÁMARA		
Pisos	$10-$50	Ver arriba
Paredes/techo	$15-$30	
Lámparas	$2-$10	
Ventanas/cortineros/Pantallas	$5-$15	$35-$250
Cortinas/persianas	$5-$15	
Clósets/puertas	$5-$15	
Ventilador del techo	$5-$15	
OTROS		
Basura abandonada	$10 por bolsa- $25 por artículos muy grandes	
Limpieza del patio/bodega	$10-$30	
LLAVES/CERRADURAS/CONTROL REMOTO		$10-$100

Emitido:

Llaves de departamento: _____   Tarjeta (s) del vestíbulo #: _____

Llaves del buzón: _____   Control (es) remoto #: _____

Llaves del gimnasio/piscina/entrada: _____   Código (s) #: _____

Otras llaves: _____   Control remoto garage #: _____

Por remover los artículos abandonados en el departamento se cobrará de acuerdo al número de bolsas/artículos voluminosos más $25 por hora/hombre (una hora mínimo).

Inicial(es): _____   Fecha: _____   Departamento #: _____

CONTRATO DE ADMINISTRACIÓN DE LA PROPIEDAD

El ("Contrato") que se celebra _____

por y ███, una com-

pañía de responsabilidad limitada, (de aquí en adelante ██████████████)

con domicilio oficial en ████████████████████████████████████, y

███████████████████████████ (de aquí en adelante, el "Propietario")

con domicilio oficial en ███████████████████████████████.

El Propietario es (marque uno):   Individuo ☐   Asociación limitada ☐

Corporación ☐   Fondo ☐   Compañía de responsabilidad limitada ☒

Identificación # del Propietario: ███████████████

DECLARACIONES

A. El propietario es dueño de un edificio de ███████████████████ departamentos conocido como ████████████████████, con domicilio en
   ██████████████████████████, que funciona y se mantiene
   con el propósito de arrendamiento. Los departamentos y la propiedad real en
   donde se localizan, junto con todos los accesorios, mobiliario y equipamiento (y
   todos los derechos pertenecientes a estos) de aquí en adelante, la "Propiedad".

B. El propietario por este medio contrata a ██████████ como su único representante, gerente y agente para administrar, rentar y operar la propiedad bajo los
   términos y condiciones que se establecen a continuación.

   Por así convenir a los intereses de ambos, el Propietario y ██████████
   acuerdan lo siguiente:

CLÁUSULAS

1. Nombramiento de ████████████████. El propietario aquí designa
   a █████████████ como su único representante, administrador y
   agente con el propósito de administrar, rentar y operar la propiedad a nombre
   del Propietario durante el plazo que ampara este Contrato y bajo los términos y
   condiciones contenidos en el mismo.

2. Responsabilidades y derechos de ██████████. ██████████ realizará
   todo esfuerzo dentro de lo razonable para realizar lo siguiente:

a. Maximizar la ocupación de la propiedad tomando en cuenta las condiciones del mercado y aplicando esfuerzos razonables para arrendar las unidades departamentales siguiendo los términos y condiciones que se detallan en el acuerdo de arrendamiento anexo, de aquí en adelante, Anexo I, con los cambios y modificaciones que ███████████████ juzgue apropiados y con la aprobación por escrito del Propietario. Se arrendará a individuo(s) con ciertas características económicas satisfactorias y de otro tipo, establecidas por ███████████████ en acuerdo con el Propietario

b. Recolectar la cobranza *in situ* de depósitos de seguridad, pagos por renta y otros cargos generados por la ocupación de los inquilinos, y depositar ese dinero en la Cuenta del fondo de la Propiedad, de acuerdo con las leyes estatales. Cualquier interés devengado por dicho fondo pertenecerá a la Propiedad.

c. Anunciar y promover, dentro de lo razonable, la renta de las unidades departamentales de la Propiedad.

d. Llevar a cabo los servicios relacionados con el arrendamiento, operación y/o administración de la Propiedad que se refieren en el Anexo.

e. Mantener registros precisos de todos los fondos recibidos y desembolsados por el manejo de la Propiedad;

f. Después de deducir todos los gastos de operación (incluyendo los honorarios de administración y otras cantidades que se deban a ███████████████), así como reservas operativas, la cantidad neta de todos los fondos recolectados de la Propiedad, incluyendo cualquier interés generado por los fondos de la Propiedad, se remitirán al Propietario a más tardar el día 30 del siguiente mes, y al domicilio especificado aquí o al lugar que el Propietario indique por escrito.

g. Cooperar con y ayudar a los valuadores o consejeros del Propietario a valuar la propiedad; y

h. Presentar un presupuesto anual de operación para ser aprobado por el Propietario.

Para los propósitos de este Contrato, "esfuerzos razonables" significa el desempeño estándar, común y razonable llevado a cabo por las compañías de administración inmobiliaria o los agentes del mismo lugar o similar para propiedades similares o como sea requerido por la ley vigente.

3. <u>Responsabilidades y acuerdos del Propietario.</u> Sin perjuicio de cualquier otra obligación o acuerdo del Propietario contenido en el presente Contrato y en consideración de los servicios de administración que serán prestados por ███████████████ bajo este Contrato, el Propietario se obliga a lo siguiente:

a. El propietario proporcionará a ▆▆▆▆▆▆▆▆▆ todos los documentos y registros necesarios para la administración de la propiedad.

b. El Propietario pagará todos los honorarios por administración de la Propiedad en la cantidad y manera descritas en el Párrafo 20 de este Contrato.

c. ▆▆▆▆▆▆▆▆ tendrá el derecho de realizar todos los pagos por obligaciones y gastos de operación en que realmente se haya incurrido de acuerdo al presupuesto aprobado por el Propietario para la administración y operación de la Propiedad, directamente de la Cuenta del fondo de la Propiedad, a menos que el Propietario específicamente indique (por lo menos diez [10] días antes de la fecha límite) que una cuenta no debe ser pagada por encontrarse en disputa. Durante el plazo de este Contrato, el Propietario está de acuerdo en que, siempre y cuando ▆▆▆▆▆▆▆▆▆▆▆ actúe dentro del límite de sus obligaciones, tendrá autoridad suficiente para actuar a nombre del Propietario.

d. Si la ley así lo requiriera, el Propietario está de acuerdo en que ▆▆▆▆▆▆ abra y mantenga una cuenta independiente para resguardar depósitos de seguridad que paguen los inquilinos nuevos que habiten la propiedad durante el plazo de este Contrato (ver Párrafo 8).

e. El propietario expresamente otorga a ▆▆▆▆▆▆▆▆▆ autoridad para firmar contratos de arrendamiento por no más de 12 meses de duración, renovaciones y todos los demás documentos inherentes al arrendamiento. ▆▆▆▆▆▆▆▆ establecerá el importe de las rentas, otros cargos y otros términos y condiciones de arrendamiento, en condiciones similares a las de otros inmuebles de departamentos en el área inmediata del mercado en que se encuentra la Propiedad.

f. ▆▆▆▆▆▆▆▆ tendrá la autoridad de retirar fondos de la Cuenta del fondo de la Propiedad para realizar pagos que se deban efectuar para cumplir con cualquier obligación en que se incurra de acuerdo a este Contrato.

g. ▆▆▆▆▆▆▆▆ puede, en representación del Propietario, iniciar procedimientos legales para cobrar rentas, desalojar inquilinos u otros ocupantes de la Propiedad, y para reforzar los derechos del Propietario relacionados con la Propiedad.

h. ▆▆▆▆▆▆▆▆ puede, pero no está obligado a anunciar la renta de los departamentos de la Propiedad, de manera aislada o vinculada a otras propiedades que ▆▆▆▆▆▆▆▆ administre. El Propietario consiente la utilización del uso del nombre de la Propiedad en cualquier forma razonable de publicidad, así como el uso de cualquier símbolo o logotipo de la Propiedad. ▆▆▆▆▆▆ puede establecer un servicio de referencia intersitio así como anuncios de renta ordinarios con cada sitio de Propiedad que pague su parte proporcional del gasto, siempre y cuando los gastos estén incluidos en un presupuesto aprobado por el Propietario.

i. En el caso de que se requiera asistencia legal para asuntos incluidos, pero no limitados al cobro de renta o desalojo de un inquilino, ███████████████ tendrá el derecho de obtener asistencia legal a través de un consejero asignado por él mismo. Todos los gastos razonables de arrendatario/arrendador y otros relacionados con la Propiedad, se pagarán con la Cuenta del fondo de la Propiedad.

4. <u>Pagos hipotecarios.</u> Si el Propietario lo ordenara así por escrito, y sólo si hubiese fondos suficientes (incluyendo las reservas operativas) disponibles en la Cuenta del fondo de la Propiedad, ███████████████ realizará todos los pagos de acuerdo con las hipotecas que aplican, contratos catastrales, acciones del fondo y/o mejoras distritales para la Propiedad. En casos en que la recolección bruta de ingresos de la Propiedad proyectada sea insuficiente o no se reciba a tiempo para permitir que ███████████████ pague todas las obligaciones en las fechas requeridas, el Propietario proveerá con inmediatez los fondos necesarios a ███████████████ después de la notificación que éste le entregue. De otra manera, el pago hipotecario no se llevará a cabo.

5. <u>Seguros.</u> Sin perjuicio de lo dispuesto en el presente Contrato, se aplicarán las siguientes disposiciones a todos los seguros.

a. A petición del Propietario, para su beneficio y a su cargo, ███████████████ realizará todo esfuerzo dentro de lo razonable para adquirir y mantener las pólizas de seguros de los tipos y coberturas que el Propietario elija. ███████████████ no es un agente de seguros y solamente podrá actuar como intermediario para facilitar la instauración de coberturas de seguros a nombre de la propiedad. Es obligación única del Propietario definir las cantidades y límites de cobertura para la Propiedad, y asegurar conformidad con los requisitos de cualquier escritura, contratos catastrales, hipotecas u otros gravámenes de la Propiedad. Como tal, ███████████████ no será responsable ante el Propietario por ningún problema que surja por su trabajo como intermediario, y todas las actividades de ███████████████ en este sentido, estarán sujetas a las provisiones de indemnización del Párrafo 32 de este Contrato.

b. ███████████████ tramitará todos los contratos de seguros para la Propiedad que se obtengan o sean arreglados por los empleados (en su calidad de asegurados adicionales), así como del Propietario y de cualquier otro parte asegurable especificada por el Propietario por escrito. ███████████████ no será responsable ante el Propietario por ninguna pérdida o daño en el caso de que los seguros que se hayan obtenido y mantenido vigentes por ███████████████ sean insuficientes para cubrir las pérdidas o daños sufridos por el Propietario. ███████████████

deberá (i) investigar con prontitud todos los accidentes y reclamaciones por daños relacionados con la propiedad, operación y destrucción de la Propiedad; (ii) investigar cualquier daño o destrucción de la Propiedad; (iii) producir estimados de los costos de reparaciones realizadas por los proveedores o contratistas, y (iv) preparar cualquiera y todos los reportes que sean solicitados a ▮▮▮▮▮▮▮▮▮▮▮ por cualquier accidente, pérdida o daño, ▮▮▮▮▮▮▮▮▮▮▮ notificará inmediatamente al Propietario de lo ocurrido en estos incidentes. Un accidente, pérdida o daño "mayor" se define como un daño mayor a los $5,000 dólares en pérdidas potenciales, por ejemplo, estimados por ▮▮▮▮▮▮▮▮▮▮▮ a su discreción razonable. ▮▮▮▮▮▮▮▮▮▮▮ no está autorizado para establecer ninguna reclamación mayor, a menos que los términos de dicho acuerdo sean específicamente consentidos por el Propietario.

c. El Propietario contratará seguro por daños generales que incluyan daño corporal, heridas, daño de propiedad y daño personal por el límite de no menos de $1,000,000 de dólares por evento y $2,000,000 de agregados.

d. El Propietario acuerda que durante todo el tiempo que dure este Contrato, los seguros para todas las responsabilidades, daños corporales, de propiedad y daño personal a cargo del Propietario, se extenderán a ▮▮▮▮▮▮▮▮▮▮▮ para asegurar e indemnizar a ▮▮▮▮▮▮▮▮▮▮▮, sus gerentes, y empleados, así como al Propietario, por el endoso de la cobertura de seguros para nombrar específicamente a ▮▮▮▮▮▮▮▮▮▮▮, sus gerentes y empleados como asegurados adicionales. Todas las políticas deben especificar que se le dará a ▮▮▮▮▮▮▮▮▮ no menos de treinta (30) días después de la notificación, antes de que la cobertura bajo la póliza termine, sea modificada o cambiada de alguna manera. El Propietario deberá proveer a ▮▮▮▮▮▮▮▮ evidencia satisfactoria de las políticas del contrato de seguros.

e. A cargo del Propietario, ▮▮▮▮▮▮▮▮▮▮ llevará a cabo la compensación para los trabajadores y el seguro de responsabilidad del empleado para sus empleados en la Propiedad con límites no menores a los requisitos establecidos por la ley.

6. <u>Cuentas bancarias.</u> ▮▮▮▮▮▮▮▮▮▮ está autorizado para abrir una o más cuentas bancarias para la Propiedad. Las cuentas de operación serán, se denominarán en lo posterior, las "cuentas bancarias". ▮▮▮▮▮▮▮▮▮▮ depositará todos los fondos en las cuentas. Todas las cuentas bancarias serán operadas de acuerdo a la ley estatal vigente. ▮▮▮▮▮▮▮▮▮▮ designará a uno o más individuos como los únicos autorizados para realizar retiros de dichas cuentas. Las cantidades depositadas en cualquiera de las cuentas abiertas en bancos u otras instituciones, estarán aseguradas por el gobierno federal. Todos los bancos

depositarios serán seleccionados por ▮▮▮▮▮▮▮▮▮▮▮▮▮ y aprobados por el Propietario. ▮▮▮▮▮▮▮▮▮▮▮▮▮ no será responsable ante el Propietario en el caso de bancarrota o falla de alguna de las instituciones bancarias. El Propietario autoriza a ▮▮▮▮▮▮▮▮▮▮▮▮ para transferir dinero de la cuenta por los términos contenidos en este acuerdo o las instrucciones escritas o verbales del Propietario. Si las cuentas de operación generan intereses, estos serán para beneficio único del Propietario.

7. Reserva de operación. En todo momento el Propietario mantendrá suficientes fondos en la cuenta de la Propiedad para pagar los gastos presupuestados de la misma o cualquier gasto de emergencia, si acaso surgiera, pero en ningún caso el balance de la cuenta será menor a los cinco mil dólares ($5,000). Si el balance de la cuenta fuese menor a esta cantidad o si ▮▮▮▮▮▮▮▮▮▮▮▮ estimara un posible descenso, el Propietario está de acuerdo en proporcionar los fondos necesarios para llevar de nuevo la cuenta a la cantidad mínima, en tiempo adecuado, pero en ningún caso deberán pasar más de 10 días del calendario desde la fecha en que el Propietario reciba el aviso.

8. Depósitos de seguridad de los inquilinos. En la medida que el Propietario o las leyes estatales requieran una cuenta independiente para los depósitos de seguridad y ▮▮▮▮▮▮▮▮▮▮▮ haya recibido los fondos que representan los depósitos de seguridad de los inquilinos al inicio de este contrato, y conforme los nuevos depósitos de seguridad sean entregados por los inquilinos nuevos, ▮▮▮▮▮▮▮▮ reportará mensualmente la recepción de estos fondos. El resumen mensual de los depósitos de seguridad mostrará todas las obligaciones existentes del Propietario respecto a los depósitos, los nuevos depósitos recibidos durante el mes, y los depósitos devueltos a los inquilinos que han dejado los departamentos, así como las cantidades de los que fueron retenidos para beneficio del Propietario y por concepto de daño u otras obligaciones del inquilino. En el caso de que haya fondos insuficientes en la cuenta de depósitos de seguridad en relación con la responsabilidad total de la Propiedad por depósitos de seguridad, el Propietario está de acuerdo en hacerse responsable de manera individual de esta obligación. Si la ley estatal vigente así lo requiriera, el Propietario proveerá a ▮▮▮▮▮▮▮▮▮▮▮▮ con los fondos necesarios para que la cuenta de depósitos de seguridad iguale la responsabilidad por depósitos de la Propiedad. Para propósitos de este párrafo, los depósitos de seguridad también incluirán los depósitos por mascotas o de cualquier otro tipo que hayan sido retenidos a nombre del inquilino de la Propiedad.

9. Reparaciones y mantenimiento. A nombre del Propietario y a cargo del mismo, ▮▮▮▮▮▮▮▮▮▮▮▮ tendrá el derecho de encargar todas las reparaciones ordinarias y comunes, reemplazos, mantenimientos, mejoras, redecoraciones o modificaciones de la estructura física o terrenos de la Propiedad, en tanto que

sea razonable, necesario o recomendable. ▮▮▮▮▮▮▮▮▮▮▮▮▮▮ también está autorizado para arrendar, rentar, comprar o adquirir los materiales, equipamientos, vehículos o artículos que se requieran para cumplir estos propósitos a nombre de la Propiedad y el Propietario. Antes de que se apruebe cualquier mantenimiento externo o contratos de reparación, el Propietario deberá recibir un mínimo de tres cotizaciones. ▮▮▮▮▮▮▮▮▮▮▮▮ está obligado a notificar al Propietario, antes de incurrir en gastos individuales por más de cinco mil dólares ($5,000), a menos que sea un presupuesto aprobado o que represente una emergencia de salud o seguridad, o en el caso de cualquier otra emergencia. ▮▮▮▮▮▮▮▮▮▮▮▮ no será responsable por ningún daño ocasionado a la Propiedad por algún inquilino, huésped, invitado o por otra causa, pero deberá solicitar el pago al responsable del daño.

10. Servicios. ▮▮▮▮▮▮▮▮▮▮▮ está autorizado a nombre del Propietario o de la Propiedad, a negociar y tramitar contratos de gas, electricidad, agua, alcantarillado, teléfono, intendencia, aseo y pintura de departamentos, alfombras, lavado con champú, control de plagas, transporte de basura, mantenimiento de los terrenos y cualquier otro servicio habitual que se ofrezca junto con el arrendamiento de propiedades similares. Además, ▮▮▮▮▮▮▮▮▮▮▮▮ está autorizado para contratar, con cargo del Propietario, la operación, mantenimiento y reparación de todo el mobiliario, instalaciones, equipamiento y maquinaria que forme parte de la Propiedad, incluyendo instalaciones a través de las cuales se proveen servicios al Propietario. El Propietario acepta pagar todos los depósitos/bonos requeridos para la operación de la Propiedad, excepto los que hayan sido aprobados anteriormente por el Propietario. ▮▮▮▮▮▮▮▮▮▮▮ no participará en ningún contrato u otro tipo de acuerdo relacionado con la administración, operación o mantenimiento de la Propiedad, que exceda un año de duración.

11. Empleados. ▮▮▮▮▮▮▮▮▮▮▮▮, en representación y a cuenta del Propietario, contratará y despedirá a todo el personal *in situ*, administrativo, contable, de la oficina de arrendamiento, de mantenimiento y/o de terrenos, a todos los contratistas independientes (denominados en lo posterior, "empleados") tanto como sea razonablemente necesario para la operación y mantenimiento de la Propiedad. ▮▮▮▮▮▮▮▮▮▮▮ preparará, ejecutará y archivará todos los formularios, reportes y devoluciones relacionados con los empleados, requeridos por ley. ▮▮▮▮▮▮▮▮▮▮▮ será responsable en su totalidad del pago de impuestos federales, estatales y locales, y de las contribuciones por desempleo, así como la compensación de seguro por empleado. ▮▮▮▮▮▮▮▮▮▮▮ eximirá al Propietario de toda responsabilidad en caso de reclamaciones por penalizaciones, interés o costos generados por ley en caso de incumplir la responsabilidad mencionada anteriormente. El Propietario reembolsará inmedia-

tamente a ████████████████ la cantidad que haya pagado por concepto de nómina y gastos generados por los empleados que trabajen en la Propiedad. Si la póliza de seguros de la Propiedad no incluye una fianza de fidelidad para empleados, entonces se deberá conseguir una fianza de fidelidad incluyente para cubrir a los empleados de ████████████████ en la Propiedad por una cantidad mínima de $250,000 dólares, que se pagará con la Cuenta del fondo de la Propiedad.

12. Descuentos, comisiones o negociaciones sobre precios. ████████████████ obtendrá para el Propietario, en la medida que le sea posible, todos los descuentos o comisiones, y realizará todas las negociaciones sobre precios, que sean producto del cumplimiento de este contrato. En ningún caso ████████████████ o alguno de sus afiliados recibirá, directa o indirectamente, ingresos, beneficios o compensaciones distintas a las que el propietario les paga, de acuerdo con esta sección. Hay dos excepciones para este apartado:

a. El Propietario no recibirá dividendos el caso de que ████████████████ los reciba a través del programa de compensación para empleados. Si hubiese algún dividendo, será para compensar a ████████████████ por el gasto de sus programas de seguridad, los cuales tienen como resultado un número menor de reclamaciones contra el fondo; y

b. Cuando ████████████████ adquiera formularios u otros materiales administrativos en grandes cantidades y tenga que mantener un inventario sustancial en su oficina. El Propietario recibirá el beneficio del descuento por volumen en la impresión y ████████████████ aumentará el precio en 15 por ciento para cubrir los gastos por transportación de los materiales.

13. Administración y Archivo. ████████████████ mantendrá un registro de todas las transacciones de la Propiedad. Además, preparará y mantendrá un sistema de archivo en la Propiedad en donde se resguarde la información sobre departamentos, así como un sistema contable para inquilinos, para guardar la información sobre departamentos y el control de pagos. Los documentos aquí descritos deberán estar disponibles para ser inspeccionados por el Propietario o sus representantes en todo momento razonable durante el tiempo que dure este contrato.

14. Reportes. ████████████████ deberá entregar al Propietario un reporte financiero del mes inmediato anterior. El reporte se deberá entregar dentro de un tiempo adecuado al final del mes (generalmente dentro de los primeros diez [10] días a partir de la recepción del estado financiero bancario, pero sin pasar del día 15 del mes siguiente). Entre los conceptos incluidos deberán aparecer los ingresos netos de los meses relevantes (como se indica en la Sección 23 de este Contrato), los gastos y otros pagos realizados por la propiedad, la compensación pagada a

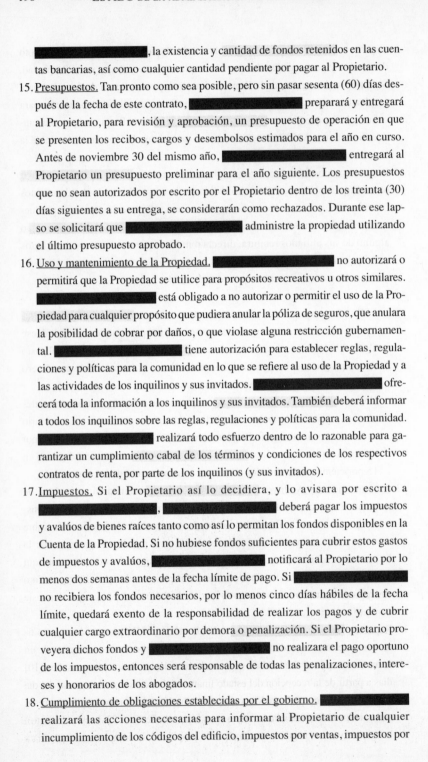

████████████████, la existencia y cantidad de fondos retenidos en las cuentas bancarias, así como cualquier cantidad pendiente por pagar al Propietario.

15. Presupuestos. Tan pronto como sea posible, pero sin pasar sesenta (60) días después de la fecha de este contrato, ████████████████ preparará y entregará al Propietario, para revisión y aprobación, un presupuesto de operación en que se presenten los recibos, cargos y desembolsos estimados para el año en curso. Antes de noviembre 30 del mismo año, ████████████████ entregará al Propietario un presupuesto preliminar para el año siguiente. Los presupuestos que no sean autorizados por escrito por el Propietario dentro de los treinta (30) días siguientes a su entrega, se considerarán como rechazados. Durante ese lapso se solicitará que ████████████████ administre la propiedad utilizando el último presupuesto aprobado.

16. Uso y mantenimiento de la Propiedad. ████████████████ no autorizará o permitirá que la Propiedad se utilice para propósitos recreativos u otros similares. ████████████████ está obligado a no autorizar o permitir el uso de la Propiedad para cualquier propósito que pudiera anular la póliza de seguros, que anulara la posibilidad de cobrar por daños, o que violase alguna restricción gubernamental. ████████████████ tiene autorización para establecer reglas, regulaciones y políticas para la comunidad en lo que se refiere al uso de la Propiedad y a las actividades de los inquilinos y sus invitados. ████████████████ ofrecerá toda la información a los inquilinos y sus invitados. También deberá informar a todos los inquilinos sobre las reglas, regulaciones y políticas para la comunidad. ████████████████ realizará todo esfuerzo dentro de lo razonable para garantizar un cumplimiento cabal de los términos y condiciones de los respectivos contratos de renta, por parte de los inquilinos (y sus invitados).

17. Impuestos. Si el Propietario así lo decidiera, y lo avisara por escrito a ████████████████, ████████████████ deberá pagar los impuestos y avalúos de bienes raíces tanto como así lo permitan los fondos disponibles en la Cuenta de la Propiedad. Si no hubiese fondos suficientes para cubrir estos gastos de impuestos y avalúos, ████████████████ notificará al Propietario por lo menos dos semanas antes de la fecha límite de pago. Si ████████████████ no recibiera los fondos necesarios, por lo menos cinco días hábiles de la fecha límite, quedará exento de la responsabilidad de realizar los pagos y de cubrir cualquier cargo extraordinario por demora o penalización. Si el Propietario proveyera dichos fondos y ████████████████ no realizara el pago oportuno de los impuestos, entonces será responsable de todas las penalizaciones, intereses y honorarios de los abogados.

18. Cumplimiento de obligaciones establecidas por el gobierno. ████████████████ realizará las acciones necesarias para informar al Propietario de cualquier incumplimiento de los códigos del edificio, impuestos por ventas, impuestos por

nómina, trabajo, salarios y honorarios de abogados, requisitos de zonficación y licencias, así como todas las leyes vigentes de las cuales ▮▮▮▮▮▮▮▮▮ tuviera conocimiento hasta donde sea práctica y razonablemente posible. Con respecto a los requisitos de cualquier escritura, hipotecas, contratos catastrales u otros gravámenes que pesen sobre la Propiedad, si el Propietario así lo solicitase por escrito, recibirá de ▮▮▮▮▮▮▮▮▮▮▮ información sobre los rubros que se han incumplido. Los costos del cumplimiento y de la revisión por parte de otros asesores, los cubrirá el Propietario. ▮▮▮▮▮▮▮▮▮ notificará con oportunidad y por escrito, de cualquier orden, aviso, requisito o incidente. De acuerdo a las provisiones de este Párrafo 18, e incluyendo pero no limitado a los esfuerzos para cumplir con la legislación vigente en representación del Propietario, ▮▮▮▮▮▮▮ no tendrá responsabilidad ante el Propietario por ningún incumplimiento y todas sus actividades en este aspecto estarán sujetas a las provisiones de indemnización del Párrafo 32 de este Contrato. ▮▮▮▮▮▮▮▮ rentará, arrendará, mantendrá y hará todo lo necesario para que las rentas o arrendamientos de esta propiedad cumplan con la legislación vigente.

19. Avances. Sin importar nada de lo contenido en este Contrato, no se podrá exigirá a ▮▮▮▮▮▮▮▮ que provea fondos anticipadamente o que incurra en ninguna deuda personal para el cumplimiento de alguna disposición de este Contrato, y en el caso de que aquí se autorice u ordene a ▮▮▮▮▮▮▮ realizar algún pago a través de la Cuenta de fondos de la Propiedad, y que en ésta no haya suficientes fondos para cubrir los pagos autorizados, ▮▮▮▮▮▮▮▮ determinará, a su discreción, qué facturas se pagarán a través de la cuenta mencionada. Este contrato no se deberá interpretar como prueba de alguna deuda (existente o futura) del Propietario. Aún cuando a ▮▮▮▮▮▮▮ no se le solicite anticipar fondos propios, en el caso de que así lo hiciese, este pago anticipado generaría intereses a una tasa de diez por ciento (10%) anual a partir de la fecha de entrega. ▮▮▮▮▮▮▮ está autorizado a retirar dichos pagos anticipados e intereses de la Cuenta de fondos de la Propiedad, y hasta que no se hayan cubierto por completo, dichos pagos e intereses constituirán un gravamen sobre la Propiedad y la renta. El Propietario autoriza a ▮▮▮▮▮▮▮ para registrar un gravamen en dicho caso y que éste sea ejecutado de la misma forma que sucede con los remates hipotecarios bajo la legislación estatal vigente. Si ▮▮▮▮▮▮▮ tuviera que contratar asesores legales para llevar a cabo el cobro de la cantidad debida por el Propietario y explicada en este Párrafo, el Propietario cubrirá, en medida razonable, los honorarios de abogados y los gastos generados por dicho cobro independientemente de que se llegue a juicio o no. ▮▮▮▮▮▮▮ no realizará ningún pago anticipado sin el permiso por escrito del Propietario.

20. <u>Términos del Contrato de Administración, honorarios por administración.</u>

a. Los términos iniciales de este Contrato iniciarán ████████████ y terminarán en la fecha del primer aniversario de ████████████. Este Contrato será renovado automáticamente si ████████████ entrega un recordatorio escrito al Propietario, 30 días antes del vencimiento del mismo. A partir del momento en que se entregue el aviso, el contrato se renovará automáticamente a menos que el Propietario especifique lo contrario por escrito.

b. ████████████ recibirá un pago por administrar igual o mayor al ████████████ o cinco por ciento (5%) de los ingresos brutos mensuales así como se define en la Sección 22 de este Contrato. Dicha cantidad se podrá pagar por anticipado o en el primer día de cada mes.

c. Adicionalmente se pagará un bono mensual por desempeño del ████████████ de los ingresos brutos en caso de que ████████████ logre el "ingreso neto de operación" previamente definido. Dicho bono está preaprobado en el presupuesto anual de operación.

d. Ver el Anexo con el resumen de servicios incluidos y de servicios no incluidos en los honorarios por administración.

e. ████████████ recibirá un pago mensual corporativo de ████████████ de todos los ingresos acumulados de las unidades dentro del inmueble que se arriendan con fines empresariales.

f. ████████████ recibirá un pago mensual por mercadeo del ████████████ por un plan de mercadeo que incluya una descripción del estado presente de la Propiedad al inicio de este Contrato y que sugiera cambios y estrategias que se deban implementar en las siguientes áreas:

1. Producto
   a. Estado interior
   b. Estado exterior
2. Precio
   a. Resumen de las políticas del lugar
3. Competencia
   a. Resumen de tarifas
   b. Resumen de ajustes por servicios
   c. Ventas/motivación
   d. Publicidad/promoción
   e. Retención de inquilinos
   f. Revisión de la estrategia/plan de revisión

███████████ espera completar el plan de mercadeo durante el primer mes del Contrato. El Propietario reconoce y acepta que al completarse el plan de mercadeo, él deberá pagar los honorarios acordados por este rubro.

g.   ███████████ recibirá un pago por instalación de la Propiedad del ███████████ para la instalación e inicio de los siguientes sistemas y procedimientos:

1. Políticas del lugar/procedimiento de mantenimiento de emergencia
2. Arrendador/arrendiatario, pagos demorados, certificación NSF, estado de rentas no pagadas
3. Estado de las órdenes de trabajo/reemplazo de refacciones
4. Arreglo para los contratistas de ███████████ que proveerán bienes y servicios al inmueble, por ejemplo, catálogo vigente de compras de ███████████.
5. Formularios administrativos de ███████████ para el cobro de rentas, pago de nómina, procesamiento de facturas y otros requisitos administrativos de la Propiedad.
6. Instauración del sistema contable

Durante el primer mes de este Contrato y para el ███████████, ███████████ iniciará y examinará los sistemas y procedimientos descritos anteriormente. El Propietario acepta que deberá cubrir los honorarios por esta labor, cuando el establecimiento y revisión se hayan concluido.

El Propietario acepta que ███████████ tendrá el derecho de retirar los honorarios por administración, por el plan de mercadeo y por el establecimiento de procedimientos, directamente de la Cuenta de la Propiedad en el momento que dichos pagos se deban cubrir.

21. Terminación del Contrato de Administración/Tarifa por cancelación.

a. A menos de que exista algún incumplimiento material del Contrato, éste terminará en la fecha de vencimiento (ver Párrafo 20 [a]). Si no se recibiera un aviso por escrito, por lo menos treinta (30) días antes del vencimiento, el Contrato se renovaría automáticamente por un mes más. Durante dicho mes, las partes deberán acordar una nueva extensión del periodo que cubrirá este Contrato.

b. Este contrato se dará por terminado y todas las obligaciones de las partes cesarán (excepto las obligaciones descritas en este Párrafo 21 [b] y Párrafo 21

[f], quince días después de la recepción de un aviso por parte de cualquiera de las partes, en donde se describa con detalle el incumplimiento material de este Contrato en el caso de que dicho incumplimiento no se haya subsanado en el periodo mencionado de quince [15] días, o en el caso de que no pueda ser subsanado en el periodo de quince [15] o en el caso de que pudiese ser subsanado dentro del periodo de quince [15] días pero no se realicen esfuerzos continuos y diligentes durante y después de ese periodo para que el incumplimiento sea subsanado. NO OBSTANTE, el incumplimiento de cualquier obligación de alguna de las partes en el pago para la otra parte bajo los términos de este Contrato, se deberá subsanar dentro de los quince [15] días).

c. Este acuerdo podrá ser terminado, con o sin causa, en el caso de que alguna de las partes entregue un aviso con 30 días de anticipación. Si (i) el Propietario terminara el Contrato antes del periodo inicial o de cualquier periodo posterior tal como se indica en el Párrafo 20 (a) por cualquier razón diferente al incumplimiento por parte de ▮▮▮▮▮▮▮▮▮▮▮▮▮▮ de acuerdo con el Párrafo 21 (b) arriba, o si (ii) ▮▮▮▮▮▮▮▮▮▮▮▮▮ diera por terminado este Contrato por incumplimiento por parte del Propietario, el Propietario se verá obligado a pagar a ▮▮▮▮▮▮▮▮▮▮▮ una compensación por cancelación igual al pago de honorarios por administración que percibe, como se indica en el Párrafo 20 (b), por el mes inmediato anterior al mes en que el aviso de terminación sea entregado a ▮▮▮▮▮▮▮▮▮▮▮▮ o al Propietario, o la tarifa mínima mensual de honorarios por administración, lo que sea mayor, multiplicado por el número de meses y/o fracciones faltantes a partir de la fecha de terminación hasta el fin del primer periodo o periodo extendido en que ocurrió la terminación. Estos daños, más cualquier cantidad acumulada para ▮▮▮▮▮▮▮▮▮▮▮ anterior a dicha terminación, se deberán cubrir al final de este Contrato. En la medida que haya fondos disponibles, dichas sumas deberán retirarse de la Cuenta de fondos de la Propiedad. Cualquier cantidad que se deba y que sea mayor a los fondos disponibles de dicha cuenta, deberá ser entregada por el Propietario a ▮▮▮▮▮▮▮▮▮▮▮ en cuanto éste así lo solicite.

d. Si algún representante, cobrador o fiduciario del Propietario o de ▮▮▮▮▮▮▮ fuera nombrado por la corte o se presentara una solicitud de buena fe para la reorganización del Propietario o de ▮▮▮▮▮▮▮ bajo cualquier ley de bancarrota, reorganización o insolvencia, o si el Propietario o ▮▮▮▮▮▮▮ presentaran una solicitud bajo las leyes de bancarrota involuntaria, reorganización o de insolvencia, o si el Propietario o ▮▮▮▮▮▮▮▮▮ realizaran una designación para el beneficio de los acreedores, entonces la terminación de este Contrato ocurriría en cuanto la parte en cuestión entregue a la otra una notificación por escrito de dicha terminación.

e. Este Contrato obliga legalmente al Propietario y a ███████████████, sin importar que el "periodo inicial" comenzara en una fecha posterior a la fecha en que el Contrato fue firmado originalmente (ver página 1).

f. La terminación de este Contrato bajo ninguna de las provisiones, liberará a alguna de las partes de su responsabilidad por incumplir alguna de sus labores u obligaciones aquí expresadas hasta tal terminación o después de la misma.

g. Tras la terminación de este Contrato, y en el caso de que no hubiera suficientes fondos en la Cuenta de la Propiedad, ███████████████████ enviará una solicitud de fondos al Propietario por la cantidad equivalente a todas las cuentas por pagar en que haya incurrido la Propiedad hasta antes de la fecha de terminación, y será responsabilidad únicamente del Propietario pagar o proveer a ████████████████ con los fondos para pagar estas cuentas. Además, cualquier pago pendiente para el Propietario y que haya sido recibido por ████████████████ tras la cancelación o terminación de este Contrato, le será entregado al Propietario de acuerdo con las instrucciones que exprese por escrito después de deducir cualquier cantidad que se adeude a ████████████████ y/o a contratistas o proveedores (o a la dirección del Propietario aquí especificada en caso de que no se hayan dado instrucciones). El Propietario pagará inmediatamente a ████████████████ cualquier suma que le corresponda, incluyendo, sin limitación, cualquier suma de honorarios por administración, plan de mercadeo, establecimiento de la Propiedad y otros pagos anticipados (con un interés de 10% anual si los pagos son demorados) y ████████████████ tendrá el derecho de retirar dichas sumas, anticipos e intereses, directamente de la Cuenta de fondos de la Propiedad.

h. Al término de este Contrato, excepto si el término ocurre tras la expiración del mismo, de acuerdo con la Sección 20 (a), cada empleado de la Propiedad que sea despedido deberá recibir una notificación por escrito con un mínimo de dos semanas antes de la verificación del despido o, deberá recibir el salario correspondiente a dos semanas en lugar del aviso, y dichos pagos se harán a través de la Cuenta de operaciones de la Propiedad. ████████████████ entregará las notificaciones a los empleados en caso de que recibiera un aviso por parte de la nueva compañía de administración y/o del Propietario en que se indique la decisión de mantener o despedir a los empleados de la Propiedad que en ese momento se encuentren contratados. Cada uno de los empleados avecindados en la Propiedad recibirá, de la Cuenta de operación de la Propiedad, la cantidad de $250 dólares por vivienda para cubrir los gastos de mudanza, excepto en el caso de aquellos empleados que el Propietario o la nueva compañía de administración haya decidido conservar. Los empleados que, como parte de su empleo se les haya solicitado residir en la Propiedad, continuarán viviendo en las instalaciones por un mínimo de dos semanas.

i. Después de la terminación, ███████████████ le entregará al Propietario
    un recuento final del estado financiero de las propiedades. Deberá ser entre-
    gado con oportunidad y pero nunca después de lo requerido por la ley, y en
    ningún caso después de setenta y cinco (75) días después de la terminación del
    contrato, excepto en el caso del reporte de depósitos de seguridad, el cual debe-
    rá entregarse dentro del periodo de los catorce (14) días establecidos por ley. En
    cuanto sea oportuno, ███████████████ entregará al Propietario:

    1. Una lista de las obligaciones de todos los inquilinos respecto al depósito
        de seguridad, en los siguientes 14 días.
    2. Reembolso de todos los fondos restantes en la cuenta bancaria de la Pro-
        piedad después de que se hayan cubierto las cuentas pendientes.
    3. Una lista final de todas las cuentas pagaderas y por pagar, y un reporte
        final del efectivo para operaciones.
    4. Una conciliación bancaria final.

Además, inmediatamente después de la terminación, todos los expedientes de
transacciones de los arrendamientos residenciales en los que se hayan archivado
contratos de arrendamiento, solicitudes, inventarios, permisos u otros documentos relacionados, se depositarán en la oficina *in situ* de la Propiedad para beneficio del Propietario.

██████████████ conservará una copia de los registros financieros de la
Propiedad durante tres (3) años a partir de la fecha de creación de cada registro.

22. Definición de ingresos brutos y gastos de operación. De acuerdo con la forma
    en que se utiliza en este Contrato, la expresión "ingresos brutos" se refiere a
    todos los ingresos genuinamente facturados en relación con la Propiedad (aún
    cuando dichos ingresos sean atribuibles a periodos anteriores al comienzo del
    periodo inicial o no) incluyendo, pero no limitado a, todos los tipos de ingre-
    sos por renta, lavandería, ingresos misceláneos, honorarios por remozamiento y
    limpieza, confiscación de depósitos de seguridad, depósitos no reembolsables
    y cargos de higienización por mascotas, pero deberá excluir los depósitos reem-
    bolsables de seguridad o por mascotas, devoluciones de impuestos por bienes
    raíces, e impuestos de ventas mensuales pagados por los departamentos para
    arrendamiento. De acuerdo con la forma en que se utiliza en este Contrato, la
    expresión "gastos de operación" se refiere a todos los gastos reales en los que
    incurra el Propietario o sus representantes para el arrendamiento, operación,
    administración y mantenimiento de la Propiedad, incluyendo, pero no limitado
    a (i) el costo de todos los servicios (que no se cobren por separado o que sean
    cuantificados de manera individual para cada inquilino de la Propiedad); (ii)

el costo de cualquier tipo de limpieza, lavado de alfombras, proveedores de pintura, etcétera, que hayan sido contratados por ███████████████ en beneficio de la Propiedad; (iii) el costo de limpieza, mantenimiento y reparación de la Propiedad y sus edificios, entradas para automóviles, áreas de estacionamiento, áreas comunes, jardines e instalaciones recreativas; (iv) el costo de todos los seguros contratados para la Propiedad; (v) todas las compensaciones y prestaciones (incluidos impuestos de nómina, primas de seguros y otras prestaciones para los empleados) pagaderos a todas las personas empleadas por ███████████████ para servicio de la Propiedad, así como todos los costos incidentales relacionados con la contratación de dichos empleados; (vi) el costo por el cumplimiento de todas las obligaciones, regulaciones y órdenes de las autoridades gubernamentales, y (vii) el costo de todos los honorarios legales contratados para la operación de la Propiedad.

23. Notificaciones. Todas las notificaciones requeridas o permitidas para ambas partes, se deberán entregar por escrito y se considerarán debidamente entregadas cuando sean enviadas a través del correo de los Estados Unidos, certificado o registrado, con acuse de recibo, franqueo prepagado, y debidamente rotulado a las partes de la siguiente manera

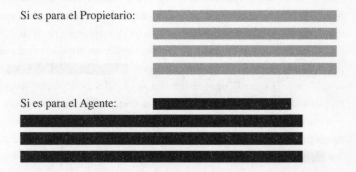

Si es para el Propietario:

Si es para el Agente:

Cualquier notificación(es) será efectiva a partir de su recepción si es entregada en persona y, si es entregada por correo, será a partir de su recepción real o tres (3) días después de haber sido enviada, lo que suceda primero.

24. Modificaciones y construcción. Este Contrato solamente podrá ser modificado a través de un documento firmado por ambas partes. El Contrato y cualquier modificación posterior se interpretará conforme a las leyes estatales vigentes. Los títulos de los párrafos se utilizan con el propósito exclusivo de identificarlos, y no se deberán considerar para la interpretación del contenido o del significado de las palabras contenidos en los párrafos. Ambas partes aceptan que este Contrato constituye la única forma de comunicación y acuerdo entre ellas y que no

existen otros documentos con términos o condiciones adicionales que afecten este Contrato. Todos los otros Contratos o entendidos son sustituidos y se fusionan aquí, ███████████████ no ha tiene ninguna garantía o representación diferente a la que se está aquí expresada. En cualquier referencia a este "Contrato" se considerarán incluidas todas las correcciones y modificaciones adjuntas.

25. Sucesores. La aplicación de este Contrato beneficia y obliga a las partes involucradas, sus representantes legales, sucesores y asignatarios; sin embargo, ni ███████████████ ni el Propietario tienen el derecho de asignar este Contrato sin el consentimiento del otro. La institución crediticia puede fungir y fungirá como un asignatario preaprobado.

26. Otras oportunidades de negocio. ███████████████ podrá construir, desarrollar y/o administrar otros edificios departamentales, industriales o comerciales en el área inmediata a la Propiedad y el Propietario específicamente renuncia a su derecho a entablar una demanda debido a cualquier conflicto de interés que pudiera surgir por esta situación.

27. Honorarios legales. Si para hacer cumplir los términos y condiciones de este Contrato se necesitara la aplicación de acciones legales, la parte perdedora reembolsará a la parte ganadora todos los gastos razonables por honorarios legales y gastos y costas judiciales, conforme a la suma determinada por la corte o jurado. Si durante el curso del desempeño de sus labores como agente administrador, ███████████████ enfrentara demandas por conflictos entre el Propietario y un tercero, o si se le presentara una demanda que implicara un conflicto de intereses con el Propietario, entonces ███████████████ tendrá derecho, si así lo decide, de contratar asesores legales de su propia elección y el Propietario le reembolsará los gastos por la contratación de dichos servicios. A petición del Propietario, ███████████████ aceptará el arbitraje.

28. Aceptación del Propietario y aviso de sus actividades. El Propietario reconoce que ███████████████ está en el negocio del arrendamiento y administración de propiedades similares en el oeste de los Estados Unidos y que ofrece, simultáneamente, propiedades para renta en otros lugares. El Propietario específicamente renuncia considerar cualquier conflicto de interés que pudiera surgir por esta situación y acepta que ningún conflicto es causa para la terminación de este contrato por parte del Propietario.

29. Autoridad. Ambas partes de este Contrato garantizan que tienen el poder y autoridad para participar en este Contrato en el nombre, título y capacidades aquí mencionadas y a nombre de cualquier entidad, persona, estado o firmas representadas o que declaren estar representadas por tales personas y, en caso de así ser solicitado, deberán entregar a la otra parte, las resoluciones corporativas, poderes o, documentos o instrumentos razonablemente necesarios que sirvan como evidencia de esta autoridad. Al entrar a la Propiedad y tomar control de las

rentas, ███████████████ actúa como agente del Propietario y representante del mismo, quien tiene el derecho legal de tomar y mantener la posesión
de la Propiedad y el control de las rentas que de ahí se deriven, además de que
tiene derecho de tomar y mantener la posesión de otras construcciones que se
encuentren separadas del inmueble pero que estén localizadas en la Propiedad
y que también sean utilizadas por el Propietario para realizar negocios de arrendamiento departamental.

30. Ley vigente. Este Contrato está supeditado a y construido de acuerdo con las
leyes vigentes del estado de ███████████████.

31. Formularios administrativos. Todos los contratos de arrendamiento, recibos, libros contables, tarjetas de rotación, pizarra de rotación, notificaciones, reportes
mensuales y todos los otros formularios son propiedadúnica de ███████████.
El Propietario no copiará o usará, o permitirá que otros usen los formularios mencionados sin el permiso por escrito de ███████████. Antes de ser relevado
de su responsabilidad como administrador de la Propiedad, ███████████
retirará de la misma los formularios mencionados. En la Propiedad deberán permanecer todos los contratos, expedientes de inquilinos, etcétera.

32. Indemnización. Durante el periodo que ███████████████ ofrezca los servicios para los que se le ha contratado, será responsable exclusivamente por los
daños ocasionados por su negligencia, conducta malintencionada de naturaleza
criminal, o actos fraudulentos. Con respeto a todas las otras reclamaciones que
surjan o que involucren las acciones u omisiones de ███████████████
como representante del Propietario, (i) el Propietario comprará seguros de responsabilidad pública y daño general en cantidades que sean satisfactorias para
ambas partes, incluyendo al Propietario y a ███████████████ como titu-
lares asegurados; y (ii) en el caso de responsabilidades no cubiertas por el seguro, el Propietario indemnizará y eximirá a ███████████████ de toda
responsabilidad por pérdida, daño o gasto, incluyendo pero no necesariamente
limitada a honorarios legales, gastos y costas judiciales, y de investigación.

33. Contratación a futuro de personal clave de ███████████████ por parte del
Propietario. El Propietario está enterado y acepta que ███████████████
tiene un interés considerable y material (a) en retener a su personal, (b) y en
evitar que los empleados utilicen información, técnicas, prácticas y métodos
aprendidos a través de su experiencia en ███████████████, para competir contra ███████████████. El Propietario, por lo tanto, acuerda que ni
él ni alguna de sus compañías afiliadas podrá contratar a ningún empleado que
desempeñe alguno de los cargos descritos abajo para ███████████████,
en un periodo de por lo menos un año a partir de la fecha en que el empleado
termine su relación de trabajo con ███████████████. El Propietario y
███████████████ aceptan que los daños que ███████████████

sufrirá en caso del incumplimiento de este párrafo son inconmensurables y por lo tanto, el Propietario acepta que en caso del incumplimiento de este párrafo, pagará a ███████████████ por daños, la cantidad abajo mencionada aplicable a cada empleado:

Vicepresidente	$95,000 dólares
Administrador de distrito o Controlador	$75,000
Supervisor de Propiedad	$50,000
Gerente de mercadotecnia	$35,000
Gerente de compras	$35,000
Personal administrativo	$30,000

Los términos del Párrafo 33 prevalecerán después de la terminación de este Contrato.

34. Letreros de "Se Renta", en la Propiedad. El Propietario permitirá a ███████████████████ instalar letreros de ████████████████ en la Propiedad para anunciar "Se renta" o "Se rentan departamentos". El costo inicial será cubierto por ██████████████████, sin embargo, los costos de mantenimiento de los letreros serán cubiertos por la Propiedad; los permisos necesarios o solicitudes al gobierno correrán a cargo de ████████████. Además, habrá un letrero intercambiable para anunciar otros servicios como *lofts*, servicios incluidos en la renta, atracciones como lavadora/secadora, u otra información pertinente que esté relacionada con los atractivos específicos de la Propiedad. Al término del Contrato, los letreros continuarán perteneciendo a ██████████████████ y serán removidos por ██████████████.

35. Honorarios para corredores externos. ██████████████████ puede, a su discreción y utilizando fondos propios, pagar los honorarios de un corredor externo cuando considere que el corredor ha tenido un efecto material y sustancial para que ████████████████ obtenga la cuenta de administración que cubre este contrato.

EL RESTO DE ESTA PÁGINA SE HA DEJADO
EN BLANCO INTENCIONALMENTE

ANTE LOS TESTIGOS, Las partes aquí presentes han solicitado que se ejecute este Contrato en la fecha y año indicados arriba (ver página 1).

"███████████"

███████████████████████

Una compañía de responsabilidad limitada

Por _____

Su _____

Fecha _____

"Propietario"

Por _____

Su _____

Fecha _____

ANEXO "A"

Alcance de los Servicios de Administración:

- **Políticas y procedimientos.** El manual de políticas y procedimientos para las operaciones en la Propiedad, incluye preparación del producto, mercadeo, ingreso y egreso de inquilinos, desalojos, cobranza de renta, mantenimiento y seguridad. Este manual se revisa con regularidad y se editan actualizaciones.

- **Inspecciones de la propiedad.** Realizadas por los miembros y administradores de inventarios de ███████████████████.

- ███████ Paquete mensual para el propietario, entregado antes del día 15 del mes siguiente y que incluye: hoja de balance, reporte de ingresos y egresos, y otros reportes acordados entre el Propietario y ████████████████████.

- **Presupuesto de operación.** En los primeros 60 días a partir del inicio de la nueva administración y antes del cumplimiento de cada año, como se estipula en la Sección 15, se preparará un presupuesto anual de operación para la Propiedad.

- **Personal.** ███████████████████████ proporcionará personal *in situ*, así como supervisión directa de la administración y experiencia, en la cantidad necesaria para cubrir profesionalmente la Administración de todos los registros de nómina requeridos.

- **Operaciones.** Manejo adecuado y eficiente en las operaciones cotidianas de la Propiedad. Esto incluirá toda la comunicación con los inquilinos, supervisión de todo el personal de mantenimiento y administrativo que se requiera, y la negociación de todos los servicios y contratos con los proveedores.

- **Mantenimiento.** Se coordinará todo lo necesario para el mantenimiento y mejoras de los departamentos vacíos, de los ocupados y de la comunidad en general. Proveedores, administración de material y suministros. Control de inventarios.

- **Reportes semanales.** Se proveerán reportes semanales del estado de los arrendamientos y de los inquilinos potenciales.

- **Mercadotecnia.** Desarrollo e implementación (tras la aprobación del Propietario) de un plan específico de mercadotecnia para anticipar la ocupación. Desarrollar y conservar la presencia de la propiedad en el mercado.

- **Promoción.** Promover la Propiedad en la comunidad y entre los negocios del área.

- **Apelaciones de los impuestos sobre la Propiedad.** Coordinación con el abogado u otra parte involucrada para realizar las apelaciones con un máximo de ████████ horas del personal. Los costos por abogado/apelaciones deberán ser cubiertos por el Propietario.

Los gastos no cubiertos por los honorarios de administración y que serán facturados a la propiedad incluyen, pero no se limitan a:

- Cuotas y eventos de la Asociación de Departamentos
- Costos por seminarios y reuniones de empleados
- Folletos, volantes y boletines promocionales específicos de la Propiedad
- Servicio de mensajería a y desde la Propiedad
- Llamadas telefónicas de larga distancia
- Reportes mensuales de compras
- Administración de nómina, $5.00 a $15.00 dólares por cheque por empleado
- Costo de copias, franqueo y correo nocturno
- Gastos por publicidad y colocación de personal *in situ*
- Investigación precontratación de empleados (drogas, criminal y crediticia)
- Apoyo para software y hardware de computación
- Licencias de software a ██████████████ (aprox. $3,500 dólares anuales)
- Comisiones bancarias por el mantenimiento de las cuentas de la Propiedad
- Uniformes e identificaciones para los empleados *in situ*
- Eventos para empleados como días de campo o la fiesta anual
- Viáticos de ██████████████ para cubrir gastos incurridos durante reuniones fuera del estado de ██████████████ convocadas por el propietario
- Millaje de los empleados por viajes fuera de la ciudad

Servicios de ██████████████████████████████ adicionales y disponibles (no incluidos en los honorarios base de administración)

- Diligencia (incluye la información necesaria para la diligencia): $50 dólares por hora
- Reportes HUD y Temas de administración HUD: $50 dólares por hora
- Remodelaciones mayores y proyectos de construcción: $50 dólares por hora
- Testimonio legal para asuntos "distintos a la administración" (Construcción y seguros): $100 dólares por hora

- Contabilidad por fases: $1,000 dólares por fase extra, a ser repartidos de acuerdo al porcentaje de propiedad por fase
- Proyecciones de efectivo y administración de efectivo cuando las cuentas por pagar se han pasado 45 días debido a la falta de fondos: $50 dólares por hora
- Oferta y establecimiento de seguros: Cuatro por ciento de la prima anual (no hay cargo extra por renovaciones que no se hayan ofertado)
- Reservación de manejo, tres o más: $50 dólares por hora
- Reportes especiales y análisis: $50 dólares por hora
- Un presupuesto anual, hoja de balance mensual, reporte de resultados, lista de arrendatarios, reporte de pagos demorados: Sin cargo
- Asesoría para refinanciamiento: $50 dólares por hora
- Aviso de bancarrota/asesoría para reportes: $50 dólares por hora
- Asesoría de venta/mercadotecnia: $50 dólares por hora
- Cualquier servicio ofrecido con fecha anterior al inicio de este Contrato: $50 dólares por hora

CONTRATO DE ADMINISTRACIÓN DE PROPIEDAD

Este contrato de administración de propiedad (de aquí en adelante, el "Contrato"), con fecha ▮▮▮▮▮, entre ▮▮▮▮▮▮▮▮▮▮▮▮ y ▮▮▮▮▮▮▮▮▮▮▮, una compañía de Nevada de responsabilidad limitada ("Administrador") y ▮▮▮▮▮▮▮▮▮▮▮ ("Propietario"), en relación con el departamento número ▮▮▮▮▮▮▮ (el "Departamento") localizado en ▮▮▮▮▮▮▮ (la "Propiedad") situada en ▮▮▮▮▮▮▮▮.

EL ADMINISTRADOR Y EL PROPIETARIO ACUERDAN LO SIGUIENTE:

1. *Compromiso*. El Propietario y el Administrador acuerdan que el Administrador será el único que maneje el Departamento y lo hará conforme a los términos y condiciones contenidos en este Contrato desde el inicio del periodo (que se define abajo).

2. *Periodo*. El Periodo de este Contrato (el "Periodo") comenzará con la adquisición del Departamento por parte del Propietario y continuará por un periodo de doce (12) meses, asumiendo que este Contrato vencerá automáticamente si: (i) el Propietario transfiere el Departamento a otro administrador; (ii) si el Propietario notifica al Administrador por escrito su deseo de terminar el contrato con treinta (30) días de anticipación; o (iii) si el Administrador termina este Contrato a causa de algún incumplimiento por parte del Propietario. Dentro de los treinta (30) días posteriores a la expiración del Periodo, el Administrador podrá, dando aviso por escrito al Propietario, renovar el Periodo por doce (12) meses adicionales.

3. *Obligaciones del Administrador*. El administrador podrá utilizar diligencia comercial razonable en el desempeño de las obligaciones contraídas por este Contrato y ofrecerá todos los servicios necesarios para la administración del Departamento, *incluyendo, sin limitación*, lo siguiente:

   3.1   Depósito a favor del Propietario de todo el dinero recibido por el Departamento en una cuenta a nombre del Administrador en una institución bancaria asegurada por la federación (la "Cuenta"). El Administrador mantendrá la Cuenta separada de la cuenta general de Administración. El Propietario reconoce que el Corredor Corporativo y otros agentes de la correduría firmarán en la Cuenta.

   3.2   Promoverá la disponibilidad del Departamento y filtrará a los inquilinos en potencia.

3.3   Negociará, preparará y ejecutará los contratos de arrendamiento, correcciones y terminaciones de contratos de arrendamiento.

3.4   Verá que se cumplan los términos y condiciones generales de los contratos de arrendamiento

3.5   Cobrará las rentas cuando corresponda y comenzará acciones legales, pagadas por el Propietario, para cobrar rentas demoradas u otras cantidades pagaderas del Departamento.

3.6   Instituirá, establecerá y comprometerá procedimientos legales, a cargo del Propietario, así como lo estime necesario respecto al desalojo de inquilinos u otras personas que se hayan apoderado ilegalmente de la Unidad.

3.7   Verificará con prontitud al Propietario, de cualquier aviso de egreso de inquilinos, desalojo, abandono o situación similar que pudiera ocasionar que la Unidad quedara vacía.

3.8   Coordinará todas las reparaciones, reemplazos y decoraciones necesarias para mantener el Departamento en condiciones de ser rentado, todo con cargo al Propietario. Excepto por los gastos de operación recurrentes o reparaciones de emergencia necesarias para proteger el Departamento, al inquilino o a un tercero, de daños, o para mantener los servicios necesarios para los inquilinos, los gastos por cualquier artículo, reparación o alteración no deberán exceder $500 dólares sin el consentimiento previo del Propietario.

3.9   Acumulará y pagará, con dinero de la Cuenta, las cuotas mensuales de la Asociación de Propietarios de Casas, así como los gastos operativos en los que se incurra para el cumplimiento de este Contrato.

3.10   Guardará todos los depósitos de seguridad ("Depósitos de seguridad") transferidos al Administrador hasta que el inquilino deje el Departamento o hasta que este Contrato expire. Si algún inquilino desalojara durante el periodo del este Contrato, el Administrador inspeccionará el Departamento y reembolsará cualquier porción necesaria de los depósitos, al inquilino, tal como se indica en los Estatutos Revisados de ████████████. Si el Departamento continuara ocupado a la terminación del Contrato, el Administrador entregará todos los Depósitos de Seguridad al Propietario junto con un consentimiento del inquilino.

3.11   Mantendrá abiertos para inspección del Propietario, en todo momento razonable, registros precisos de todo dinero recibido y desembolsado en relación con el Departamento. El Administrador entregará reportes financieros mensuales al Propietario y desembolsará fondos que excedan el saldo mínimo de la cuenta, los cuales entregará al Propietario mensualmente. Se deberá mantener un mínimo de quinientos dólares ($500) (el saldo mínimo de la cuenta). Los depósitos de seguridad se mantendrás en una cuenta separada manejada por el Administrador.

3.12   Dentro de los primeros treinta (30) días tras la terminación de este Contrato, el Administrador devolverá todo el efectivo de la cuenta al Propietario, excepto una reserva para cheques en circulación, cuentas por pagar, obligaciones, comisiones por manejo de cuentas y las cantidades que se deban al Administrador bajo los términos de este Contrato. Si no hubiera suficiente efectivo en la Cuenta para que el Administrador cubriera los pagos esenciales en la sentencia, el Propietario fondeará cualquier déficit con prontitud. El Administrador entregará al Propietario un recuento final de la Cuenta dentro de los treinta (30) días siguientes a la terminación de este Contrato.

Todos los actos realizados para cumplir con las obligaciones estipuladas en este Contrato los realizará el Administrador en su papel de representante del Propietario, y dichas acciones, incluyendo el pago de cualquier gasto en que se haya incurrido, se harán con cargo a la cuenta del Propietario y bajo su propia responsabilidad. El Administrador no está obligado a realizar ningún pago anticipado a o desde la cuenta del Propietario para pagar ninguna suma, excepto cuando los fondos están en la Cuenta.

4. *Obligaciones del Propietario*

4.1   El Propietario está obligado a mantener un saldo mínimo en la Cuenta, a cuyo efecto depositará los fondos necesarios. De no ser así, se considerará como incumplimiento material de este Contrato.

4.2   El Propietario pagará todos los impuestos, seguros y deudas por servicio relacionados con el Departamento. De no ser así, se considerará como incumplimiento material de este Contrato.

4.3   Además a todos los seguros, el Propietario deberá obtener y mantener vigente y en efecto un seguro de la Propiedad. Además, deberá obtener y mantener un seguro de responsabilidad por un mínimo de $1,000,000 por evento. El Propietario entregará al Administrador un certificado que pruebe la existencia de dicho seguro, además, lo asignará como asegurado adicional. No entregar este certificado o mantener el seguro mencionado, se considerará como incumplimiento material de este Contrato.

4.4   El Propietario indemnizará y eximirá al Administrador de cualquier daño o reclamación que surja por su desempeño como Administrador del Departamento, excepto cuando exista conducta malintencionada o franca negligencia, se entiende que el Administrador no será responsable ante el Propietario por los errores de juicio de terceros, en relación con el desempeño de sus obligaciones señaladas en este Contrato.

El Administrador entregará al Propietario una notificación por escrito de cualquier incumplimiento del Contrato y el Propietario tendrá 10 días para subsanar el mismo. Si el incumplimiento no se subsanara en ese periodo de 10 días, el Contrato se dará por terminado y el Administrador no tendrá ninguna otra obligación.

5. *Honorarios y gastos del Administrador.* El Propietario reembolsará al Administrador todos los gastos directos e indirectos en los que incurra en el desempeño de sus obligaciones señaladas en este Contrato. El Propietario pagará al Administrador los honorarios no reembolsables por administración, por una cantidad de ▓▓▓▓▓▓▓▓▓▓▓▓, al comienzo del Periodo. Estos honorarios no se prorratearán ni serán reembolsados en caso de terminación temprana del Contrato. Además, el Administrador podrá cobrar al Propietario:

5.1   por el desempeño de los empleados del Administrador, en relación con la operación y administración del Departamento. La tasa será de veinticinco dólares ($25) por hora, más el costo prorrateado de todos los impuestos y prestaciones generados por ese tiempo. El Administrador no será responsable por ninguna acción de los empleados o proveedor, por ningún incumplimiento, negligencia o error de juicio, o error en la ley o ningún hecho conectado con el empleado, o la conducta de algún empleado o proveedor.

5.2   por los movimientos en los arrendamientos, posteriores al primer inquilino igual al veinticinco por ciento (25%) de la renta de un mes, basado en la renta mensual promedio durante el periodo de arrendamiento por conseguir un inquilino para los departamentos vacíos al inicio de este Contrato, o que queden vacíos durante el periodo. Esta cuota se pagará al Administrador cuando se realice el pago de la primera renta del nuevo inquilino. Una cuota de xxxxx de dicha renta se pagará al Administràdor por cualquier extensión o renovación de contrato.

Si en algún momento se hiciera evidente que para el desempeño de las labores del Administrador se requieren servicios extraordinarios y/o una cantidad inusual de tiempo, el Administrador avisará al Propietario, por escrito, de tales necesidades por anticipado, y ambos acordarán una compensación adicional para el Administrador.

6. *Misceláneos.* Este Contrato representa el acuerdo final entre el Administrador y el Propietario en relación con la materia aquí presentada, y absorbe cualquier acuerdo y representación previos. Este Acuerdo obliga al Administrador y al

Propietario, a sus respectivos agentes, sucesores y representantes, y no podrá transferirse a terceras personas. El Contrato se podrá ejecutar en contrapartes y ser entregado por fax. Este Contrato podrá ser asignado por el Administrador, durante los treinta días previos a la notificación por escrito para el Propietario. Ninguna corrección o adenda serán válidas a menos que se entreguen por escrito y estén firmados por el Administrador y el Propietario. Cualquier término o disposición contenidos en este Contrato, y que se haga evidente que es inválido o inaplicable, no afectará la validez de los demás términos o disposiciones. La dispensa de alguna de las disposiciones de este Contrato no será válida a menos que se entregue por escrito a la parte a la que se solicita dicha dispensa y esté firmada por ella. La renuncia a alguna de las disposiciones de este Contrato no presupone la renuncia a las otras disposiciones contenidas en el mismo. El Administrador y el Propietario garantizan que las firmas de los signatarios presentadas abajo, están debidamente autorizadas y pueden formar parte de este Contrato y ejecutarlo en representación de cada una de las partes. El Propietario garantiza al Administrador que es dueño del Departamento. Este Contrato estará sujeto a las leyes del estado de ███████████, sin que esto abra la posibilidad de conflicto con las disposiciones de ley, y la jurisdicción y permisos se otorgarán en un tribunal competente, localizado en ███████████. Todas las notificaciones y otros comunicados, serán por escrito y serán enviados por correo certificado con franqueo prepagado.

ADMINISTRADOR: PROPIETARIO:

███████████████████   _____

███████████████████   _____

Por: _____   Por: _____

Nombre: _____   Nombre: _____

Título: _____   Título: _____

Sobre el autor

Ken McElroy

Director y Socio de MC Companies

Ken McElroy, socio de MC Companies, cuenta con más de 20 años de experiencia profesional en la administración de bienes multifamiliares, desarrollo, administración de propiedades, análisis de inversiones, adquisiciones y disposiciones, desarrollo de negocios y relaciones públicas.

Ha adquirido más de $200 millones de dólares en bienes raíces en los dos últimos años y nos ofrece su perspectiva única de la administración de inmuebles para estimar el valor potencial de una propiedad.

Ken es asesor de bienes raíces de Robert Kiyosaki y de la organización Padre Rico. En 2004 publicó *The ABC's of Real Estate Investing*, uno de los *best-sellers* de la serie *Advisors* de Padre Rico. Este libro es la base de un curso de bienes raíces ofrecido por el sistema escolar Community College del condado de Maricopa, en Arizona. En 2008, Ken publicó la continuación de este texto, *The Advanced Guide to Real Estate*. También ha sido coautor, con Robert Kiyosaki, de varios programas de audio: *How to Increase the Income from Your Real Estate Investments, How to Get Your Banker to Say "Yes!"* y *How to Find and Keep Good Tenents*, todos ellos disponibles en www.richdad.com.

Con Robert y Kim Kiyosaki, Ken ha inspirado a muchas personas alrededor del mundo en las convenciones de Learning Annex. Entre los oradores que se han presentado en ellas están Donald Trump, Tony Robbins, Magic Johnson y George Foreman. Ken es un orador frecuente en las convenciones de Padre Rico, y ha aparecido en varios programas especiales de PBS y de Rich Dad TV, junto a Robert y Kim Kiyosaki. Además de ser orador de Learning Annex en Estados Unidos, de Fast Track to Cash Flow en Canadá y de Infinity Broadcasting, Ken se presentó como orador invitado en el National Achievers Congress, en Singapur. Ken también es muy solicitado en numerosos eventos de la industria de bienes raíces, incluyendo los de AMA (Arizona Multihousing Association) y la NAA (National Apartment Association), así como para eventos nacionales y regionales en todo Estados Unidos.

Ken es anfitrión del programa semanal de radio sobre bienes raíces de la revista *Entrepreneur*, en WS Radio. En su papel de conductor entrevista a expertos de los ámbitos de bienes raíces, finanzas y asuntos legales. Entre los invitados de Ken se encuentran Kim Kiyosaki, autora de *Mujer millonaria*; Kendra Todd, inversionista en bienes raíces y ganadora de *El aprendiz*; Garret Sutton, asesor legal de Padre Rico; el inversionista Danny Schayes, anteriormente jugador de la NBA; y el autor de *best-sellers* y orador, Loral Langemeier de *The Secret* y *Live Out Loud*. Ken es miembro activo de la Organización de Empresarios y de la sección en Arizona de esta organización, en la cual ha desempeñado varios puestos directivos, incluyendo el de presidente durante el año fiscal 2004-2005.

Ken se mantiene activo dentro de la comunidad y ha formado parte de las Juntas directivas de Child Help y de AZ Food Banks, en donde dirige una de las campañas de alimentos más influyentes del estado de Arizona. Vive con su familia en Scottsdale, Arizona.

MC Companies agrupa a: MC Realty Advisers, LLC, MC Management, LLC, KRM Construction, Inc., Riverside Builders, Inc., y Short Term Housing Solutions, LLC.

Para más información sobre Ken McElroy, visite www.ken mcelroy.com; para más información sobre MC Companies, visite www. mccompanies.com.

Enlace para el programa de la revista *Entrepreneur* sobre bienes raíces en WS Radio, Bienes Raíces:

http://www.wsradio.com/internet-talk-radio.cfm/shows/Entrepreneur-Magazine-Real-Estate-Radio.html.

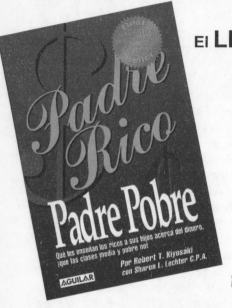

NOTAS

NOTAS